U0948201

冠军销售

杨佩如 著

中国财富出版社

图书在版编目（CIP）数据

冠军销售／杨佩如著．—北京：中国财富出版社，2015.10

ISBN 978－7－5047－5780－7

Ⅰ．①冠…　Ⅱ．①杨…　Ⅲ．①销售—通俗读物　Ⅳ．①F713.3－49

中国版本图书馆 CIP 数据核字（2015）第 141984 号

策划编辑　范虹轶　　**责任编辑**　戴海林　吴伊文

责任印制　方朋远　　**责任校对**　梁　凡　　**责任发行**　邢有涛

出版发行　中国财富出版社

社　　址　北京市丰台区南四环西路 188 号 5 区 20 楼　**邮政编码**　100070

电　　话　010－52227568（发行部）　010－52227588 转 307（总编室）

　　　　　010－68589540（读者服务部）　010－52227588 转 305（质检部）

网　　址　http：//www.cfpress.com.cn

经　　销　新华书店

印　　刷　北京京都六环印刷厂

书　　号　ISBN 978－7－5047－5780－7/F·2414

开　　本　787mm×1092mm　1/16　　**版　　次**　2015 年 10 月第 1 版

印　　张　13.25　　**印　　次**　2015 年 10 月第 1 次印刷

字　　数　183 千字　　**定　　价**　32.00 元

前　言

任何人都可以成为销售冠军

如果你是一个“野心家”，销售职业就给你提供了一个零风险的创业机会！即使没有任何的资金投入，你也会得到一份基本的生活保障——底薪，使你能够维持生活；即使没有庞大的运营体系，你也可以得到来自技术、生产、市场等各方面的支持。只要不断地去寻找市场，发现机会，就能够为自己赚得第一桶金。在赚钱的过程中，你还可以获得未来自己创业所需的经验。

如果你只想做一个打工者——销售可以给你更多的好处，比如较高的收入；如果你是一个优秀的销售人员，不但会获得高收入，而且收入的多少可以由自己来决定。全方位的成长，会使你的心态变得积极而坚强，能够坦然面对压力和挫折。通过做销售，你会建立一种极佳的市场感，帮助公司创造利润；通过销售，你的沟通能力和人际关系能力会得到不断提升，使你能够与各种人和谐相处，并说服和影响他们……这些能力对于你获得职业上的成功是非常有帮助的！

销售是一个成功者的职业——一旦进入这个职业，你就必须不断地突破自我、战胜困难，一旦成为成功者，你就会分享到这个职业带给你的经济和能力方面的收益。

俗话说得好："不想当将军的士兵，不是好士兵！"同样，不想做销售冠军的销售人员也不会成为优秀的销售人员。可是，要想成为销售冠军，不仅需要有强烈的成为销售冠军的愿望，还要为此付出艰苦的努力。

冠军之路曲曲折折，在你向目标努力的过程中，不仅会遇到失败，还会遇到困难，更会遇到各种挑战。不管遇到任何情况，只有坚持到底，才能赢得销售的成功。就像迈克尔·乔丹所说的那样："我可以接受失败，但我不能接受放弃。"

如果你没有成功的决心，或者不相信自己能成功，只想在销售行业尝试一下，最好立刻收手，因为这不仅意味着你无法成为销售冠军，还意味着你的职业前景令人堪忧。在销售行业里，失败者是没有存在的位置的，客户只会信赖成功者，企业也更愿意雇用成功者，就连资金也会流向成功者，失败者或者终被淘汰，或者仅够糊口。与其这样，倒不如趁早选择其他职业。为了给众多的销售人员提供帮助，我特意编写了本书。

在本书中，我对销售前的准备、客户拜访、开场白、异议的处理、交易促成等方面做了介绍，同时还给读者介绍了大量提高销售业绩的方法。这里，没有枯燥难解的理论术语，语言极具生活化。只要读了本书，我相信，你一定会发现：这是一本实战、有效的销售工具书。

不管你销售什么产品或者服务，无论你面对的是专业的买主还是闲逛的顾客，都可以从这里得到启示！读了本书，你定然能够学到顶尖的销售技巧和绝妙的销售术，并在工作中加以实践，你的业绩更会提高十倍、百倍甚至千倍！

作　者

2015 年 8 月

目录
Contents

第一章

销售前做好准备最重要

俗语说得好："凡事预则立，不预则废。"销售前做好准备工作，不打无准备之仗，对于销售人员来说尤为重要。

“勤奋是首要的”—— 勤奋不仅仅是一种精神

在营销界有这样一句话：“一个成天与客户泡在一起的销售庸才的业绩一定高于整天待在办公室的销售天才。”要想做好销售，要想多出成绩，首先就要勤奋，这也是一名销售人员的必备素质！

在商业领域中，从松下幸之助、比尔·盖茨、乔·吉拉德到其他成功人士，其成功固然离不开天时、地利，离不开时代赋予的种种机遇，但不可否认的是，他们的成功更加依赖于后天的努力与勤奋。

在销售界，一般人都知道乔·吉拉德，因为他曾连续12年荣登世界吉尼斯纪录大全世界销售第一的宝座。他创下了12年中平均每天销售6辆车的业绩神话，直到今天还没人能够超越。

他的成功秘诀是什么？乔·吉拉德把自己卖车的公关诀窍公布了出来：将所有的客户档案建立系统储存，每月发出1.6万张名片；而且，无论客户是否买他的车，只要有过接触，他都会让对方记住自己的名字。

除了在销售过程中保持充分的自信外，乔·吉拉德还非常勤奋！天道酬勤，正因为在平常的工作中加倍勤奋，乔·吉拉德才赢得最伟大的汽车销售人员的美誉，赢得了客户的信赖，成了成功的营销大师。

我们常说："做销售没有什么技巧，只要勤奋就好。"因为勤劳是推动销售成功的关键。如果客户能够给予你"勤奋积极"等正面的认同和评价，你也就得到了客户的信任，这也是销售商品要先从销售自己开始的道理！

俗话说："一勤天下无难事。"与其说勤奋是一种精神，倒不如说是成功的基石，是决定销售人员销售成功的基础。成功离不开勤奋，勤能补拙！

要想做好销售，首先要勤奋，这也是一名业务人员的必备素质。那么，如何在销售工作中做到勤奋呢？可以从以下几个方面做起。

1. 不歇着，勤拜访

要想让自己的销售业绩得到提升，首先就要具有吃苦耐劳的精神，多拜访客户，要让自己具备铜头、铁嘴、橡皮肚子和飞毛腿（见下表）。

要点	说明
铜头	即使经常在客户那里碰壁，也不要怕，要敢于再碰
铁嘴	能说，会说。能说和会说是不同的两个概念：能说是指，这个人喜欢说话，一说起来就滔滔不绝；而会说是指，这个人说话虽然不多，但能说到点子上。所以，销售人员应做到能说、会说
橡皮肚子	销售人员经常会遭受他人的讥讽，所以要学会宽容，做好自我调节
飞毛腿	要腿勤，行动要快，客户有了问题，就要以最快的速度在第一时间里赶到，为其解决问题

如果能够对客户做到勤拜访，就会与客户一直保持良好的关系。即使某一天自己有事去不了，也要给他打个电话，加深他对你的印象。另外，要安排好行程路线，采用最省时、省力的办法，提高工作效率。

2. 勤动脑，更灵光

销售人员要勤于思考，遇到棘手问题，要仔细想一下问题的根源在哪里，然后制订出相应的解决方案。

在销售工作中，经常会出现一些假象：有的客户表面工作做得不错，你觉得对方是个很爽快的人，可是你千等万等，对方就再也没有消息了；有些客户表面上对你很不友好，甚至还会把你赶出去……对于不同的客户，都要静下心来冷静思考，找到问题的解决办法。

3. 多动嘴，勤沟通

人常说：当局者迷！因此，要经常与领导和同事交流沟通自己的工作问题。在销售过程中，每个销售人员都会遇到一定的问题，要多向他们请教，看看他们是如何解决的。很多时候，经过领导和同事的指点，你就会豁然开朗，提高解决问题的效率，找到解决问题的办法，提高销售业绩。

4. 善于总结，会总结

有总结才能有所提高！无论是成功还是失败，其经验和教训都值得你不断总结：成功的经验可以移植到后面的工作中，而失败的教训则不会让你重蹈覆辙！

“为什么你们可以走过去呢”—— 学习，学习，再学习

所谓学习力指的是，一个人树立个人奋斗方向，并自发地广泛地涉猎各学科知识，补充自身的不足，最终实现自己人生奋斗目标的一种意志能力。如果你经常主动阅读，并不断通过各种渠道获取信息和知识，在遇到事情的时候，就会利用自身的知识和阅历，做出相对正确的判断，并给出相对合理的解决之道；在出现偏差或失误的时候，也可以利用自身的知识架构，迅速进行修正，使事物朝着良性方向发展。这样，就说明你的学习力是非常强的！

李海大学毕业后，应聘到一家公司做销售。李海是公司员工中学

历最高的一人，心里不免有些沾沾自喜。周末的下午，李海在家里觉得无聊，便到公司后面的小池塘去钓鱼，正好正、副经理也在钓鱼。李海微微点了点头，心想，这两个中专生，跟他们有啥好聊的呢？

半个小时之后，正经理放下钓竿，伸伸懒腰，“蹭蹭蹭”从水面上飞一般地走到对面上厕所。李海的眼珠子都要掉下来了。水上漂？不会吧？这可是一个池塘啊！正经理上完厕所，回来的时候同样“蹭蹭蹭”地从水上漂了回来。怎么回事？想到自己的本科生身份，李海不好意思去。之后，副经理也站了起来，“蹭蹭蹭”地漂过水面上厕所。李海吃惊得差点昏倒！

这时候，李海也感到一阵内急。池塘两边有围墙，要到对面上厕所必须得绕十分钟的路，可是回公司又太远，怎么办？李海不想去问两位经理，憋了半天后，也起身往水里跨：我就不信中专生能过的水面，我一个堂堂的本科生就不能过！

可是，只听“咚”的一声，李海栽到了水里。两位经理将李海拉了上来，问他为什么要下水，他说：“为什么你们可以走过去呢？”两经理相视一笑：“池塘里有两排木桩子，这两天下雨涨水正好在水面下。我们都知道木桩的位置，可以踩着桩子过去。你怎么不问一声呢？”

读了这个故事，你是否也对本科生李海的做法表示不解。身边本来有可以学习的机会，可是他却不闻不问，结果让自己掉到了水里。一个人的学历只能代表过去，只能说明一个人过去的付出和努力，只有学习力才能代表将来。

优秀的销售人员必然是一个学习型的人，其学习内容和范畴主要包括：产品方面的知识、销售技巧方面的知识、礼仪方面的知识等；同时，他们还会通过不同的形式去学习，如课堂讲授法、分组讨论法、角色扮演法等！因此，要想让自己的销售工作更加卓越，就要不断学习，与时俱进，不断提升个人的销售能力。

其实，销售人员不仅要学习销售技巧，还必须具有举一反三的能力，因此没有良好的学习能力，在效率决定成败的今天势必会被淘汰。只有勤学习，才能不断提高，丰富自己。在提高自己学习力的过程中，优秀的销售人员一般都会这样做：

1. 学习所销售产品的知识

只有做到了知己知彼，才能以一个专业的销售人员的姿态出现在客户面前，赢得客户的信赖。生活中，我们都有这样的感觉；当你去商场买东西的时候，或别人向你推荐产品的时候，如果对方一问三不知或一知半解，你定然会对要买的东西和这个人的印象大打折扣。优秀的销售人员一般都会学习自己销售的产品知识、本行业的知识、同类产品的知识等。

2. 学习行业外的其他知识

学习是个大统筹，不仅要学习本行业的知识，还要学习行业外的其他知识。

和客户聊天的时候，不可能将所有的时间都用在工作的事情上，需要做的事情几分钟就谈完了，之后怎么办，不能冷场！这时候，就要找话题，聊聊大家感兴趣的话题，因此学习行业外的其他知识也是非常必要的。比如，文艺、体育、政治等都应不断汲取，再比如，NBA 休斯顿火箭队最近胜负如何，姚明的表现状态等，这些都是与客户聊天的素材。

3. 学习一定的管理知识

为了让自己获得提高，就要学习一定的管理知识，不能总停留在现有的水平上。客户是你的上帝，他们全是给你打工的，所以，要对这个市场的客户进行管理。管理好了，你的销售业绩就会倍增。

“我们都是情绪的奴隶”—— 好情绪才能带来好成绩

对于每个人来说，情绪控制都是一个很大的挑战，特别是对于销售人员来说更是如此！情绪像病毒一样，会由一个人传染给另一个人。销售人员要根据自身的实际情况，加强对自我的认识，找寻自我的性格弱点，树立正确的人生观、价值观，实现情绪的自我管理。

一天，一个法官宣判了一个杀人犯死刑。之后，他走到囚犯面前，说：“请问，你还有什么话对你的家人说吗?”谁知，囚犯狠狠地把法官骂了一通：“去死吧！你这个伪君子、混蛋！你对我的裁决不公正！”

法官非常生气，粗鲁地数落了囚犯十多分钟。可是，法官说完之后，囚犯脸上立刻露出了笑容，他平静地对法官说：“法官先生，您是一个受人尊敬的官，受过高等教育，读了很多书，是一个文明人。可是，我只不过是骂了您一句，您就如此失态；而我，一个文盲，小学没毕业，大字不识一个，做着卑微的工作。别人调戏我老婆，我在冲动的情况下杀死了对方，结果成了死刑犯。虽然我们的结果不一样，但有一点却是相同的，那就是我们都是情绪的奴隶！”

通过这个故事，情绪控制的重要性由此可见一斑！

在销售过程中，受到拒绝是很正常的事情，受到客户指责也是很平常的，因此，从做销售那天起，销售人员就应该树立起自信心，保持良好心情。业绩与勤奋推销是成正比的，挫折只是暂时的，只有不断自我反省、认真敬业，才能更好地做好销售工作。

做销售这一行，情绪管理至关重要。情绪好不一定成事，但情绪不好却一定会坏事。销售人员每天要面对繁杂多变的客户、高负荷的工作压力、社会和世俗偏见、管理者的不当管理，以及自身的认知偏差、个性弱点等，很容易在工作中产生各种各样的负面情绪，继而对销售工作的质量和效率造成影响。

糟糕的情绪不但容易坏了自己的大事，还会对他人产生不良影响，因此对于销售人员来说，进行必要的情绪自我管理是异常重要的！那么，销售人员如何保持良好的情绪呢？

1. 转移注意力，分化焦点

所谓注意力转移法，就是有意识地转移注意焦点。

第一，当你遇到挫折感到苦闷、烦恼、情绪处于低潮时，可以暂时抛开眼前的麻烦，不要再去想引起苦闷、烦恼的事，将注意力转移到较感兴趣的活动和话题中去。多回忆一些自己感到最幸福、最愉快的事，冲淡或忘却烦恼，把消极情绪转化为积极情绪。

第二，可以自觉地改换环境，比如，外出散步、旅游参观、调换居住地点等。通过新的环境，冲淡消极的心理情绪，缓解自己的不良情绪。

2. 合理发泄不良情绪

所谓合理发泄情绪是指在适当的场合，采取适当的方法，排解心中的不良情绪。概括起来，发泄情绪的方式有以下几种：

（1）大哭一场

当遭到突如其来的灾祸，或者被客户误解，精神受到打击，心理不能承受时，可以在适当的场合放声大哭一场。事实证明，这是一种排遣紧张、烦恼、郁闷、痛苦情绪的好方法，积极有效。

（2）找个人倾诉

当你心中积满苦闷、烦恼、抑郁等不良情绪无法疏散时，可以向父母、同学、知心朋友尽情倾诉，发发牢骚，吐吐委屈，使消极情绪发泄出来，让精神获得片刻的放松，心中的不平之事也会渐渐消除。

(3) 多活动一下

当你的情绪极度低落时，越不愿参加活动，情绪就越低落；而情绪越低落，就越不愿意参加活动。如此，就会形成恶性循环，加重不良情绪。如果心中有很多的委屈无法排解，可以适当参加一些有益的活动，或跑跑步、打打球、干干体力活，或唱唱歌、跳跳舞，使郁积的怒气和不良情绪得到发泄，如此，原本十分低落的情绪就可以改变了。

3. 自我控制情绪

销售人员不仅要有感情，还要有理智。如果失去理智，感情也就成了脱缰的野马。在陷入消极情绪而难以自拔时，要有意识地用理智去控制。可以采用的方法有：

(1) 积极的自我暗示

采取自我暗示的方法，可以抑制不良情绪的产生。当你在接见一些重要的客户前，要在心里暗暗提醒自己，沉住气，别紧张，胜利一定是属于自己的。这样就能增强自信心，情绪就会冷静，就能遏制冲动，避免不良情绪造成的不良后果。

(2) 巧妙的自我激励

恰当运用自我激励，可以给人以精神动力。当你遇到困难或身处逆境时，通过必要的自我激励可以让你从困难和逆境造成的不良情绪中振作起来。虽然我们都说“失败是成功之母”，可是如果在失败后一味消沉，不自我激励，不振作精神，失败就会永远持续，也不会成为成功之母。

(3) 学会心理换位

所谓心理换位就是，与他人互换位置角色，将心比心，站在对方的角度思考、分析问题。通过心理换位，来体会别人的情绪和思想，有利于消除和防止不良情绪。比如，当受到客户的刁难或领导的批评时，自己心里有气，就要设身处地想一想，假如我是客户、领导，遇到此类情况会怎样？如此，便可以对对方多一些理解和认同，使心情平静下来。

（4）不断升华转化

当自己的心情不好的时候，要努力发掘调动思想中的积极情绪，抵制和克服消极情绪，将痛苦、烦恼和忧愁等消极情绪升华转化为积极有益的行动。

“明年我要当经理”——做好自我职业生涯规划

很多销售人员往往都有这样一种倾向：哪家企业底薪高就去哪里，哪个企业提供的职务高就去哪里，哪个企业的提成高就去哪里……每到跳槽的高发季，他们都会在不同的企业之间跳来跳去，大多数人最终的结果都是无所作为。这些人为什么停不下自己的脚步呢？为什么不能在同一岗位上多干几年呢？究其原因，主要就在于职业目标不清晰、缺乏长期的职业生涯规划。如果从进入销售行业的那天开始，就给自己制定一份职业规划，你的职业发展之路才会有的放矢，才会走得越来越顺畅！

古人云：“凡事预则立，不预则废。”虽然在实际工作中，没有预先设定目标的推销人员有时也会有所收获，但那不是真正的成功。在职场中，流传着这样一个关于马努杰的故事：

在亚美尼亚，有一个普通的销售人员名叫马努杰，但是他却有着一个不平凡的纪录：在47年的职业生涯中，曾就职于207家公司，平均一年换5次工作，平均两个月就被辞退或跳槽一次。他的这个纪录已经成为职业生涯规划的一个案例——“马努杰死亡回旋梯”。

不可否认，“死亡回旋梯”的出现是很多因素综合作用的结果，但马努杰不了解自己的优劣势、不清楚自己适合的工作环境、没有做好自我的职业规划是悲剧出现的核心原因。在整个销售生涯中，要想让自己不断地获得发展，对自己的职业生涯进行规划是异常必要和重要的！

斯通是美国最有名的销售人员，20 岁的时候他搬到芝加哥，开了一家叫作“联合登记保险公司”的保险经纪社。虽然公司只有他一个人，但他依然下定决心要办好公司。

结果，开业的第一天，斯通便在热闹的北克拉街推销出 54 份保险单。不过，即使在开业的时候取得了开门红，但很多人依然认为斯通的公司肯定运作不了几天。可是，斯通却坚信：自己每天一定能完成更高的目标、多售出几份保险。

在祖利叶城，斯通平均每天成交 70 份保险单，有一天居然售出 122 份。在不懈的努力下，公司也一天天兴旺起来，不仅在芝加哥站稳了脚跟，还在其他地区开辟了保险业务。

不可否认，斯通正是通过自我激励、自我肯定才取得成功的。经过不断地自我提升、自我成长以后，他实现了在别人看来几乎是不可能达到的目标。

销售是一个高压力、高回报的工作，从学习毕业之后，很多年轻人都会把销售工作作为锻炼自己的一种方式。有些人做了很多年销售，辗转于各个公司、各个行业之间，当青春不再、激情消退，销售人员该何去何从？这就涉及一个职业生涯规划的问题。

销售人员在入行的几年内，最好都能结合自己的实际情况，给自己制定一个职业规划，如此自己未来的奋斗才有方向。那么，如何来进行营销职业规划呢？

1. **慎重选择，力求稳定**

在选择企业时一定要慎重，即使是多花一些时间，一旦选择了就不能随意跳槽。为什么这么说?

第一，频繁地跳槽会让你再一次花时间去熟悉新的环境，出业绩的时间必然会推延，会耽误自己大量的时间。

第二，新进入一个行业或公司，由于经验不足，职务不高，还得从头再来，浪费时间。

第三，到了新环境中，和同事的关系不熟，如果企业关系复杂，或许你干不了多长时间。就会留下败笔。

第四，人脉资源的建立需要时间，在新的行业中如果缺少支持，你如何发力?

更重要的是，只有用较长的时间深入到一个企业，才能真正掌握企业营销的精髓；三心二意，看到的只能是表面现象。

2. **告诉自己：任何企业都有问题**

不要以为到了一个新企业，企业就没有问题。每个企业都有问题，只是问题不同罢了。工作的时候，不要将自己的目光盯在问题上，要积极努力提高自己的业绩，争取在最短的时间里做出成绩。

3. **了解两个问题：时间长度和时间密度**

通常情况下，销售人员在销售职业中要遵循“1235”的职业发展时间规律，即做 1 年业务代理，做 2 年销售主管，做 3 年区域经理，做 5 年省区或分公司经理。为什么这样安排？前 3 年是基础，一定要打牢；后 7 年是带团队、做管理，要稳扎稳打；之后，当你做到大区经理或销售总监、营销总经理时，就有经验了，就会轻松很多。

可是，时间的长度并不是衡量经验和能力的标准，要看销售人员的学习力和悟性。有的人做 1 年区域经理等于别人做 3 年，因此，一定要重视自己对老岗位的知识掌握和对新岗位的胜任能力。

4. 设定不同阶段的目标

在做职业生涯规划的时候，要设定不同阶段的岗位和时间目标、知识掌握目标、能力目标和薪酬目标（见下表）。

目标	说明
岗位目标	岗位目标是你各个阶段所达到的岗位层次。比如，用 1 年的时间从销售人员做到销售主管
知识掌握目标	指的是在不同的阶段你需要掌握的知识，比如，在销售人员阶段，所要掌握的知识是终端拜访等；在区域经理阶段，所要掌握的知识就是经销商开发和管理、区域市场促销策划等
能力目标	指的是你能真正管理多少人和多大的区域。因此，不要被职务头衔的光环绕昏了头脑，如果老板让你担任销售经理，而你却只负责一个城市的一个片区，做着与业代相同的工作，这不叫销售经理，仅仅是个业代
薪酬目标	薪酬目标可以给你增加一些前进的动力，也是你的能力和价值的体现，因此，确定一定的薪酬目标是非常必要的，比如，第一年年薪 2 万元，第四年年薪 6 万元等

"没事，客户都这样"——拒绝不可怕，要对自己有信心

在销售过程中，销售人员会与各式各样的人打交道，要想成功说服他们，并不是一件容易的事情。因此，销售人员必须坚信自己的能力，信心百倍地敲开客户的门，不慌不忙地与他们侃侃而谈。如果对自己缺乏信心，害怕与客户打交道，销售工作一开始就注定要失败。

销售人员在销售工作中通常都会遇到无数次的拒绝，有些人甚至还会

和客户发生冲突。但也不难发现，拒绝过自己的客户，70%都会最终变成真正的客户。为什么会出现这种情况呢？因为当客户面对第一次销售给他产品的人时，都会有一种提防心和怀疑心。因此，面对顾客的拒绝，提高自信心是异常重要的！

大学毕业后，小孙进入一家钢铁贸易公司做业务。每天，小孙都要面对身价几千万元、几亿元的老板，而这些老板往往也是最难相处的，有时去过人家企业很多次也见不到人影！可是，小孙懂得不断调整自己，直到取得最后的成功。

有一次，小孙与一家大型钢铁集团谈成了一笔生意。为了让对方业务部的主任早点签字，他想请该主任一起就餐。第一次，小孙提前一天安排好就餐事宜，并提前来到酒店等候客户的到来。可是，在就餐时间过了半小时后，这位主任才打电话给他，说："我临时有一个重要的会议需要参加，不能来就餐了。"

小孙知道，这显然是一个借口，但是对于这次失约，他心里早有准备，毕竟求人办事难嘛。同事看到他的样子说："现在的掌权者都是这样！烦死了！"可是，小孙却说："没事，客户都这样！"于是，小孙就安排了第二次就餐。这次，小孙选择了一个更高档的酒店，结果，这位主任还是找了个借口，没有按照约定好的时间前去赴约。

小孙认真思考了一下，决定第三次约会客户。他想，这次即使客户不到，最起码也能显示自己的诚意。于是，小孙第三次拨通了这位主任的电话，诚心诚意地邀请对方就餐。这位主任很感动，最终如期赴约。

面对客户的拒绝，有的销售者态度积极，有的销售者态度消极。只有积极应对的人才能扭转不利的局面，化被动为主动；而消极低沉的人定然会走向失败，之前的努力也会付诸东流。所以说，客户的拒绝并不可怕，可怕的是没有一个正确的态度来面对。要想成为销售冠军，在遇到同样的情况时，就要学会用积极的心态去面对一切拒绝；要不断调整自己的心态，接受事实，认真分析客户为什么会拒绝，拒绝的原因在哪，该如何去应对等。

当客户拒绝你的要求时，销售人员一定要冷静，一定要看看客户拒绝的理由充不充分，客户是不是真的不需要自己的产品或服务。不管面对多么严厉的拒绝，都要把握好分寸；要以平常心面对拒绝。拒绝是销售中最常见的事情，千万不能由于拒绝而影响了自己的心情，更不能让其影响到自己的工作！

1. 对客户的“拒绝”不要信以为真

很多时候，客户遇到自己不了解的东西，一般都会做出拒绝的举动，拒绝也就成了一种习惯。有些客户的拒绝，往往是需要进一步了解你的产品的正常反应。虽然对你来说，这种行为很难接受，但对一部分客户来说，确实是一种被人攻破心理防线的“伪装抵抗”。所以，不要太相信这类客户的话，只要抱着坚定的信心继续按照自己的计划走下去，事情通常都会得到圆满解决。

遇到这种问题的时候，可以先停顿一下，不要和客户争辩，可以在心里默念：“不要在意，继续前进。”然后，微笑着对客户说：“哦，真是这样吗?”“看来您果真是这方面的行家，不知道有没有机会向您学习呢?”

2. 将每次拒绝当作是还“债”的机会

在这个世界上，每个人都扮演着两种角色——买家和卖家，做销售工作的时候，你是卖家，自然容易遭受一些拒绝；同样，当你是买家的时候，也会拒绝别人。

如果别人向你兜售商品，你拒绝了，其实是给别人提供了一个受难的机会。佛家都讲求因果报应，也就是说，你欠了别人的一次“人情债”；因此，当你被别人拒绝的时候，别人也就给你提供了一次受难的机会。当你明白了这一点的时候，也就不会对每次的拒绝耿耿于怀了。

3. 知道“现在拒绝你，并不代表永远拒绝你”的道理

在做具体的销售工作之前，不要着急，不能想着一口吃成个大胖子，要一步步走。当你将每一步都做好时，自然会成交。在整个销售过程中，比如，准备、开场、挖掘需求、推荐说明、成交等，都存在着拒绝。但这些拒绝并不会一直都存在，只要你保持乐观的心态，准确把握客户的需求，做出合理的解释，这些障碍都是暂时的！

在推进流程时，很多销售每一步都要向客户发出非常强烈的成交信号。火候还没有到，就开始起锅上菜，炒出的菜能好吃吗？请记住：每一步工作的结果都不是成交，而是顺利地推进到下一步，有了这样的心态，拒绝就会减少了。

4. 体会“拒绝”背后的心情故事

当听到客户拒绝时，不要责怪客户的不通人情，可以帮客户编一则心情故事。如果对方周末没休息好，可以和他改天再说；如果他刚被老板大骂一通，心情不太好，可以换个时间……总之，不要先想客户的不对，而要站在客户的立场，帮他编织一个理解他的心情故事。

这也就是所谓的同理心。很多时候，当你以这样的心态和客户交流时，客户就会觉得你是个值得托付的人，会把你当作朋友看待。随着客户对你倾诉的私人故事逐渐增多，离成交也就不远了。

5. 积极调整，多些正向能量

按照吸引力法则，主宰这个世界的不是其他，而是能量。从本质上来说，每天与人的交流都是能量的交流。当你心态积极、非常渴望拥有的时候，吸引力会帮助你吸引到对你有利的，或你想要的东西；当你心态消极、患得患失的时候，吸引力同样会帮助你吸引到对你不利的，或让你失去已经拥有的东西。

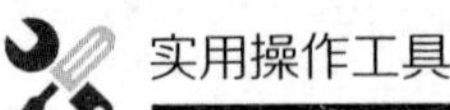

销售商品前，如何自己推销自己

“推销商品之前，先推销自己”是每一位销售人员首要奉行的法则。所有的客户都会害怕受骗，销售人员最好不要在销售产品过程中说得天花乱坠，而在产品成交后却又完全置之不理。

通常情况下，客户一般都不会与来历不明的销售人员交易，因此有经验的销售人员都会先让客户感到放心，得到他们的信任；之后再进一步展开销售，实现成交。这就是销售人员在销售商品之前，必须先推销自己的原因所在。

1. 推销自己从仪表开始

在销售人员见到客户尚未开口说话时，客户通常都对你一无所知，留给他的第一印象，就是你的仪表。因此，在正式面见客户之前，一定要注意一下自己的仪表，比如，仪容和着装。只有在这两方面多加留意，才会让自己更加自信，才会给客户留下好印象，才有利于后续工作的顺利开展。

2. 以一流的礼节接待客户

俗话说：“如果礼节是一流的，其他所有的都是一流的。”如果销售人员能够以一流的礼节与客户交往，客户也会减少对你的怀疑。

3. 学会倾听，善于倾听

仔细倾听对方说话是一种尊重，也是一种礼貌，你倾听的时间越长久，客户就越喜欢接近你。因此，在客户谈到自己的时候，一定要学会倾听，善于倾听，不要自顾自地夸夸其谈，而将客户冷落到一边。

4. 微笑面对客户

微笑是一种力量，是销售中投资最少、收效最大的方法，因此在做自我推销的时候，首先就要学会微笑。如果客户说话的时候，你总是板着脸，对方的心情就会大受影响，成交的概率如何提高？

5. 简单明了地说明

优秀的销售人员在做自我推介的时候，一般都会简单明了地说明；相反，如果做不到这一点，很容易被客户认为是“不亲切、不够专业的销售人员”。

6. 适时提出建议

很多时候，客户对能够提出好建议的销售人员较容易产生信赖感。因此，在客户需要的时候，要主动为其提供建设性的意见，供其参考。

7. 把握好自我推销的“度”

做任何事情都有个限度，一旦超过这个限度就得不偿失了。同样，推销自己的时候也是如此！如果把握不好，推销自己就会变成自我吹捧。

(1) 推销自己，不是吹捧自己

销售人员推销自己的目的是为了让客户信任自己，从而购买自己的产品。如果对自己的能力、以往的“辉煌”业绩等夸夸其谈，只会引起客户的反感。在自我推销的时候，要把自己专业、诚恳、可信的一面展示给客户，其他方面可在以后的交往中慢慢体现出来。

(2) 推销自己，不是出卖自己

一提到“出卖”这个词语，人们一般都会想到出卖别人，但事实上销售人员也有出卖自己的时候。在销售过程中，如果把握不好推销自己的尺度，就会将自己卖出去。

第二章

独具慧眼找对客户钓大鱼

大客户不同于一般客户，大客户经理也不同于一般销售人员。大客户看重的不是某一项产品的功能如何强大，而是需要一个整体的信息化解决方案，需要看到的是是否能帮他解决工作中的难题，能够产生多大的效益。销售人员就要从这一点出发，找对客户、钓大鱼。

“我所有客户的行程都记在上面”—— 对客户多了解一些

知彼知己，百战不殆！收集客户相关信息就是知彼的一个重要步骤。当销售人员接近一个客户的时候，要做的第一件事情就是收集客户的相关信息。销售是一个和客户互动的过程，因此，对客户多一些了解是非常必要的！

在山东，有一个电信计费的项目，A公司胜券在握，组织了一个由十几人组成的小组，住在当地的宾馆里，每天都跟客户在一起，关系处得非常好，可是一投标，却输得很惨。中标方的代表是一个长相平平的女子，姓张。她是靠什么赢了那么大的订单呢？

张女士的公司在北京，这是她第一次来山东。来到山东之后，她分别拜访了客户的每一个部门，当她来到局长办公室的时候，发现局长不在，办公室的人告诉她局长出差了。当她了解到局长的目的地和所住宾馆之后，便立刻给那个宾馆打了个电话说：“我有个非常重要的客户住在你们宾馆，能不能帮我订一个果篮，写上我的名字，送到房间里去。”然后，她又给自己的老总打了电话，说：“这个局长非常重要，现在在北京出差，你要在北京把他的工作做通。”

接着，张女士立刻订了机票，赶最早一班飞机飞到了北京，下了飞机直接就去这家宾馆。等她到达宾馆的时候，她的老总已经在跟局长喝咖啡了。聊天中他们得知，这位局长有两天的休息时间，于是就邀请局长到他们公司参观。

参观完后，大家一起吃晚饭；吃完晚饭，她请局长看话剧。当时，北京在演《茶馆》。为什么请局长看《茶馆》呢？因为张女士在山东的时候问过办公室的工作人员，得知局长很喜欢看话剧。第二天，张女士又找了一辆车把局长送到机场，对局长说："这两天我们谈得非常愉快，一周之后我们能不能到您那儿做技术交流？"局长痛快地答应了。

一个星期之后，公司老总带队到山东做了技术交流。局长很给面子，请来了所有相关部门的有关人员，订单很顺利地拿了下来。

同事羡慕地说："你可真幸运，正好局长到北京开会。"张女士笑了笑，掏出一个小本子，说："不是什么幸运，所有的客户的行程都记在上面。"打开一看，密密麻麻地记了很多名字、时间和航班，还包括他们的爱好是什么，他们的家乡是哪里，这一周在哪里，下一周去哪儿出差……

不可否认，张女士之所以能够顺利签单，主要得益于她对客户资料的了解。当她得知局长暂住在哪家宾馆的时候，便适时订购了果篮；当她发现局长喜欢看话剧的时候，还请对方看了《茶馆》……对于这样用心的工作人员，局长怎么会拒绝？

有没有一种资料让销售人员在竞争过程中，取得优势、压倒竞争对手呢？有。这类资料就是客户的个人资料。只有掌握了客户的个人资料，才有机会真正挖掘到客户实际的内在需求，才能做出切实有效的解决方案。

收集客户资料是销售的第一步！要想开发出大的客户群，就要提前准备大量的客户资料，如此才能了解市场，从而制订出正确的销售计划。

不管是新的销售人员，还是有经验的销售人员，都需要得到客户资料，找到销售机会，取得最终的胜利。那么，在销售的过程中，需要了解哪些客户资料呢？请参看下表：

所需资料	说明
客户背景资料	客户的联系电话、通信地址、网址和邮件地址； 区分客户的使用部门、采购部门和支持部门； 了解客户具体使用维护人员、管理层和高层； 客户的业务情况； 客户所在行业的主要应用
销售机会	客户最近的采购计划； 客户这个项目主要解决的问题； 采购决策人和影响者：谁做决定、谁来确定采购指标、谁负责合同条款、谁负责安装、谁负责维护； 采购时间表和采购预算

要成为客户信任的合作伙伴，销售人员还要知道以下内容。

1. 客户面临哪些商机，竞争环境如何

不了解客户的竞争环境，你对客户的了解也是不完整的。了解客户的竞争环境和潜在商机，可以帮你想到提高客户竞争力的产品和服务。

2. 谁是客户的客户，谁是客户的竞争对手

想要真正了解客户的客户，就要先了解客户的竞争对手。竞争对手面向的都是同样的客户群，你的客户一定为竞争对手花费了不少功夫，要了解的内容包括：

他们推出有新功能的新产品了吗？

是不是因为库存积压过多才降价？

是不是已经对产品进行了有效的改装，生产成本是否已经降低了？

在市场宣传和广告上究竟投了多少钱？

……

同时，还要知道，客户把谁当成最大的威胁和背后的原因。

3. 了解客户的决策过程

公司的组织结构只是表面现象，为了了解客户你要学的还有很多。在边问边学的过程中，你很快就会有惊人的发现。比如，有的人只是徒有虚名，其实没什么实权；有的人乍看并不起眼，实则大权在握；有的部门之间有些微妙的联系或敌意，而你起初并没有看出来。

最重要的是，要搞清楚客户的决策过程和决策者，具体方法如下：一方面弄明白谁为你的产品埋单，再一步步往前推。另一方面，要找出所有参与决策的人。有些人可能职位一般，你都没有和对方见过面，更没说上话，但在决策中却有发言权。

4. 客户的长短期目标和具体重点工作

如果问销售人员，你知不知道客户最关心的是什么。大多数销售人员一般都会回答，很清楚。虽然很多销售人员都参加过客户的会议，清楚客户的远景规划、主要工作、价值观、战略计划、价格等相关信息。可是，对于业务的总体发展方向、追求的目标和相关计划则知之甚少。

销售人员要具备一定的商业才智，提高对商业基本知识的理解能力，包括利润率、现金流量、投资回报率、速率和增长率。只有掌握了这些基本认识，才能知道客户是如何赢利的，当下的目标和重点工作是什么？

“这个是重点客户”—— 学会与20%的客户做80%的生意

“二八定律”，也称“二八原则”“关键少数”定律，是由意大利经济学家帕累托提出的。该定律认为，80%的利润来自20%的顾客，80%的销售额来自20%的顾客。由此可见，只要将这20%的顾客拿下，销售业绩就会显著提高。因此，对于销售人员来说，学会与20%的客户做80%的生意是非常必要的！

美国企业家威廉·穆尔在为格利登公司销售油漆时，第一个月仅挣了160美元。后来，他仔细研究了经商的“二八法则”，分析了自己的销售图表，发现自己的80%收益来自20%的客户，可是，在过去他却将自己的时间平均分配到了每一个客户身上——这就是他失败的主要原因。

穆尔发现了问题之所在，于是就把最不活跃的36个客户重新分派给其他销售人员，而自己则把精力集中到最有希望的客户上。结果，他一个月就赚到了1000美元。

穆尔学会了经商的“二八法则”，连续九年都在坚持这一法则，使他最终成为凯利—穆尔油漆公司的董事长。

客户，是“二八定律”在现实中最直接的表现结果。对销售来说，20%的客户有以下几种含义：

第一，以家庭来分，20%的客户指的是，某一区域内的少部分家庭，虽然人数少，但却具有很强的购买力，会为该地区的零售业创造大部分利润；而其他家庭，虽然人数占了多数，但消费水平却很低，有效购买力低，对该区域内的零售业来说，只能创造一少部分利润。

第二，以客户对企业的忠诚度来分，20%的客户指的是，企业的忠诚客户群体，也就是我们常说的“回头客”“老客户”，这部分人对某一商品的品牌忠诚度比较高，是企业利润的主要来源；而大部分客户，忠诚度较低，比较分散，所带来的利润并不是很大。

第三，以客户性质来分，20%的客户主要是指团体客户，也称大客户。尽管这部分客户非常少，但购买量大，重复购买次数较多，因此对企业利润贡献也较大，在客户群体中占据重要地位。

其实，重点客户管理不仅是一个程序或一套工作方法，更是一种管理思想观念，一种如何挑选重点客户并稳固他们的业务处理方式。销售人员必须针对重点客户的特点和公司的实际制定出切实可行的重点客户管理模式，找出关键的工作环节，通过一系列的步骤对重点客户做好管理。具体来说，要经历以下几个步骤：

1. 建立一套考评指标体系

要想做好重点客户的管理，首先就要建立一套考评指标体系，对公司的客户作出全面的评估，并进行综合打分，找出重点客户。之后，才能做到有的放矢。

2. 对客户信息进行分析

要想明晰客户的重要性，就要多收集一些客户资料，对其进行分析，比如，客户所处的行业和市场现状等方面的信息。然后，结合客户的战略和企业的实际情况、企业的组织结构和管理体系、客户历年的经营业绩和发展方向等各种信息，对客户进行 SWOT 分析。找出工作的优势和劣势，制定出管理的关键环节，提升重点客户的管理水平。

3. 对竞争对手进行分析

在《给将军的教训》一书中，弗雷德里克这样写道：“一个将军在制订任何作战计划的时候都不应过多地考虑自己想做什么，而是应该想一想敌人将做些什么；永远不应该低估他的敌人，而是应该将自己放在敌方的位置，正确估计他们将会制造多少麻烦和障碍。要明白如果自己不能对每一件事情都有一定的预见性以及不能设法克服这些障碍的话，自己的计划就可能会被任何细小的问题所打乱。”所以，正确地对竞争对手进行分析是异常重要的！

4. 制定一套客户管理战略

制定适当的客户管理者战略是取得成功的第一步。之所以要制定客户管理战略，主要目的就在于确定你希望与该客户建立发展什么样的关系，以及如何建立发展这种关系。要想成为一名卓越的销售人员，不仅要与客户共同讨论自己的客户发展目标，与客户建立起一定的信任关系；还要共同制定一个远景目标规划，确定好行动计划。

5. 对客户管理工作进行创新

在管理重点客户的过程中，定期盘点你的重点客户是必须的。为什么要将这个客户置于重点客户的地位？如果找不到这个问题的合理解释，可以用以下两个方案加以解决：

（1）降低这个客户的地位或干脆将其删除掉

客户关系一旦建立，除非该客户的存在已经不符合企业当前的经营目标，否则降低或删除都是有一定损失的。这种方法非常极端，不是任何时候都行得通。

（2）找找自身的原因

如果在处理客户关系中只是例行公事，不注重创新，就会使合作关系中的敏感性和关注度削弱和退化，如此是很难达到重点客户的期望要求的。

“我不敢和陌生人说话”——不要害怕陌生拜访

对于许多销售人员来说，陌生拜访是一个棘手的障碍，许多人都会觉得无所适从。但是，你又必须逾越它。要想扩大你的团队，提升你的业绩，必须掌握一定的陌生拜访技巧。

所谓陌生拜访指的是一种与顾客无预约的拜访，是一种简单、易操作的开发客户的方法。很多公司总是要求业务人员，尤其是新业务人员这样做。可是，很多销售人员由于没有经验，不敢去进行陌生拜访，怎么办？

离婚后，李萍不得不像一个职场新人一样从头开始。由于在家看了五年的孩子，李萍明显地觉得，自己已经不适应现在的市场发展环境了。可是李萍个性要强，她不断地寻找工作。一次偶然的机会，李萍认识了做网络广告的朋友，于是她便开始了自己的广告业务生涯。可是，半个月过去了，李萍一点业绩都没有。

同学问她是怎么回事？她说："我没有客户，不敢陌生拜访！"同学听了，劝她换一份工作。可是，一想到自己的年龄和工作经验的欠缺，李萍也是无可奈何。没办法，第二天她又来到了公司。

为了让自己尽快出成绩，李萍硬着头皮来到了一栋写字楼。可是，到了每家公司门口都不敢进去。李萍感到很委屈，甚至有点窝火。为了平复自己的失落情绪，她买了根雪糕，坐在街边小花园的台沿上迎着寒风吃了起来。

对于一个刚踏入市场、经验不足的销售人员来说，面对陌生人讲话可能还是一件畏难的事情。是先介绍自己呢，还是先讲自己公司的产品呢？也许在没有进入陌生客户大门之前，销售人员心里想好了千言万语，可是一见到陌生客户就哑口无语了。如果客户比较有修养，可能会主动问话；如果遇到性格暴躁的老板，销售人员一句不合时宜的话，老板就会把你扫地出门。

做陌生拜访需要勇气，尤其是第一次。许多销售人员一想到待会儿要和素不相识的客户说话，就会感到紧张。其实，这是很正常的生理反应。一旦到了一个新的环境，大多数人都会感到紧张。紧张是一种本能，可以让人更快地适应新的环境。那么，如何克服陌生拜访的紧张感呢？

1. 做好拜访前的准备

与客户第一次面对面地沟通，是营销迈向成功的第一步。只有准备充分，客户拜访才能取得成功。那么，上门拜访前该做哪些准备呢？

(1) 树立一个成功的拜访形象

上门拜访客户的时候，尤其是第一次拜访，彼此之间难免会存在戒心，因此销售人员一定要重视留给客户一个成功的拜访形象。如何做到这一点呢？首先要注意仪容仪表。比如：

如果你是男士，拜访客户的时候，上身就要穿公司统一的上装，戴公司统一的领带，下身则要穿深色西裤，黑色平底皮鞋，不要留长发，更不能染色，不要佩戴任何饰品。

如果你是女士，上身要穿公司统一的上装，戴公司统一的领带，下身则要穿深色西裤或裙子，黑色皮鞋，不要出现散发、染发等发型，不佩戴任何饰品。

(2)提前做一份拜访计划

在拜访客户的时候，首先要做一个计划，比如：

①计划目的：拜访的目的是推销自己和企业文化，而不单单是产品。

②计划任务：脑海中要清楚与客户沟通时的情形，对客户性格作出初步的分析，选好沟通的切入点，计划好推销产品的数量。

③计划路线：要做好路线规则，统一安排好工作，合理利用时间，提高拜访效率。

④计划开场白：好的开始是成功的一半，可以让你掌握75%的先机。

(3)做好外部的准备

进行陌生拜访的时候，有些外部准备也是需要做的（见下表）。

工作	说明
资料	销售人员要努力收集客户资料，要尽可能了解客户的情况。不仅要获得潜在客户的基本情况，如对方的性格、教育背景、生活水准、兴趣爱好、社交范围、习惯嗜好等，还要了解对方目前得意或苦恼的事情，如乔迁新居、结婚、喜得贵子、子女考上大学，或者工作紧张、经济紧张、充满压力、失眠、身体欠佳等。了解得越多，越容易确定最佳的交谈方式
工具	优秀的销售人员不仅具备锲而不舍的精神，还掌握有一套完整的销售工具。凡是能促进销售的资料，在拜访客户的时候都要带上。销售工具包括企业宣传资料、名片、计算器、笔记本、钢笔、价格表、宣传品等
时间	如果提前与客户预约好了时间，就要准时到达，一定要掌握好到达的时间。到得过早，会给客户增加一定的压力；到得太晚，不仅会给客户传达“我不尊重你”的信息，也会让客户产生不信任感，最好是提前5～7分钟到达

(4) 内部准备也很重要

这里的内部准备主要指的是销售人员个人的准备。

①信心准备。事实证明，销售人员的心理素质是决定成功与否的重要原因，在进行陌生拜访的时候，不仅要突出自己最优越的个性，还要保持积极乐观的心态。

②知识准备。上门拜访是销售活动前的热身活动，最重要的是要制造机会。如何制造机会呢？提出对方关心的话题。因此，销售人员需要掌握丰富的知识。

③拒绝准备。在接触陌生人的初期，大多数人都会产生本能的抗拒。其实，这是他们保护自己的方法，仅仅是为了找一个借口来推却你罢了，并不是真正讨厌你。

④微笑准备。如果你希望别人怎样对待你，你首先就要怎样对待别人。因此，在陌生拜访的时候，销售人员要学会微笑。

2. **确定进门**

善书者不择笔，善炊者不择米，有能力的人，不会因为外界的因素而影响到自身能力的发挥。

(1) 敲门

进门之前需先按门铃或敲门，恭恭敬敬地站在门口等候。敲门以三下为宜，声音要有节奏，但不要过重。

(2) 话术

主动、热情、亲切的话语是顺利打开客户家门的金钥匙，比如：“××经理在吗?”“我是××公司的小×!”

(3) 态度

进门之前一定要显示出自己的态度——诚实大方！同时，要避免出现傲慢、慌乱、卑屈、冷漠、随便等不良态度。

（4）注意

严谨的生活作风代表了公司与个人的整体水准，千万不要让换鞋、雨伞等小细节影响大事情。

3. 赞美观察

拜访过程中，很多销售人员都会遇到形形色色的客户群。虽然说每个客户的认知观和受教育程度不一，但是要知道："没有不接受产品和服务的客户，只有不接受推销产品和服务的销售人员的客户，客户都是有需求的，只是选择哪一种品牌的产品或服务的区别而已！"因此，和客户沟通的时候，必要的赞美和观察还是非常重要的！

每个人都喜欢听好话、被奉承，善用赞美是销售人员取得好的销售业绩的武器，因此要善于发现客户的闪光点，加以赞美。比如："您的办公室真干净""您今天的气色真好"！

4. 有效提问

销售人员是靠嘴巴来赚钱的，凡是优秀的销售人员都拥有一副伶牙俐齿，可是如果客户始终都闭着嘴巴，你会毫无办法。为了让客户和你进行有效沟通，有效的提问就显得尤为重要。提问的时候，销售人员要注意以下几点：

①先让自己喜欢对方再提问，向对方表示亲密，尊敬对方。

②尽可能地以对方立场来提问，谈话时要注意对方的眼睛。

③特定性问题可以展现你的专业身份，要由小及大、由易及难地多问一些引导性问题。

④可以问些二选一的问题，帮助犹豫的客户决定。

⑤先问对方几个已知的问题，提高职业价值；然后，再问对方一些未知的问题。

⑥如果想做成功的营销者，就要多问一些客户关心的问题。

5. 倾听推介

要想在陌生拜访中取得理想的效果，就要少说、多听、多看，具体来说：

①要以聊天的方式，寻求与客户的共鸣点。说话的时候，要与客户保持同一频率，让客户觉得你与他是同类人，继而产生共振效果。

②耐心、详细地为客户介绍一些公司情况、产品优势、现场优惠政策，选择合适的切入点投其所好，抓住内容的精髓引导客户的购买欲望。

③如果对方有点迟疑，就不要过分强调产品，要多说一些此产品对其有哪些好处。

④如果客户未下决心，千万不要勉强，可以先冷却一会儿，然后再沟通。

6. 克服异议

陌生拜访的时候，如何来攻克异议呢？一般来说，可以采用以下方法：

①克服心理上的异议——销售人员要学会面对心理上的异议，在心里有所准备。

②化异议为动力——客户的拒绝是一种正常的反应，并不是不接受产品和服务，而是一时拿不定主意，因此销售人员要再接再厉。

③不要让客户说出异议——要利用客户的感情，控制好交谈的气氛，让客户随着你的想法，不要让其将拒绝说出口。

④转换话题——遇到异议时，千万不要穷追不舍，否则，会让客户感到厌烦。为了避开紧张的氛围，可以转换话题。

⑤运用肢体语言——不经意的碰触，不仅会吸引客户的注意，还会起到一定的催眠作用。

⑥逐一击破——如果客户是两人以上团体，可以用各个击破的方法来

克服异议。

⑦同一立场——要和客户站在同一立场上，不要和客户争输赢。

⑧树立专家形象——客户是不会拒绝专家的。

7. 确定达成

为什么销售同样的产品，不同的销售人员业绩却有天壤之别？为什么排名前20名的销售人员总能完成80%的销售？答案很简单：他们掌握了很多成交技巧。

（1）抓住成交时机

很多时候，经验丰富的销售人员会通过客户的举止、言谈等看出成交的信号，抓住这些信号也就抓住了成交的契机。

（2）了解成交达成方式

卓越的销售人员在促成交易的时候，经常会采用这样一些术语：

①邀请式成交：“这款咖啡机真的不错，您为什么不试试呢？”

②选择式成交：“您决定一个人去，还是和老伴一起去？”

③二级式成交：“您是不是也觉得这种活动很有意思？”“那您就用我们的服务试试吧！”

④预测式成交：“我相信，阿姨肯定和您的感觉一样！”

⑤授权式成交：“好！我现在就给您填上两个名字！”

⑥紧逼式成交：“您的糖尿病很严重，还不去会场咨询！”

“我去参加展会了”—— 充分利用展会的机会

展会，是一种传统的营销推广模式，可以让销售人员在相对集中的时间里接触到更多的经销代理商或者目标客户，因此展会也就成了许多销售人员的营销推广法宝。

张明大学毕业后，应聘到一家电子公司做销售。为了寻找客户，他想尽了所有的办法。比如，让亲朋好友介绍、在网上找资料等。除此之外，他的很多客户还是通过展会结识的！

每年，在上海都会举办一届电子产品展销会，而张明则是场场不落。每到这时候，他都会带一些宣传资料过去，和同行沟通，和客户交流。展会结束后，再做汇总，找到自己的客户。虽然这样做有点辛苦，可是事实证明，这种方法确实是有效的！

展会是一个营销大舞台！展会营销不仅可以帮公司做宣传，还可以开发很多新的、有实力的客户。客户是不可能主动来找你的，只有认真对待，潜在客户才会络绎不绝，否则昂贵的参展费就会打水漂。

可是，参加展会要想达到最好的效果，是需要掌握一些参展的技巧的。如何才能利用展会开发更多的新客户呢?

1. 展会的选择：只选对的

如今，国际国内的展会可以说是渐乱迷人眼，有综合性的，也有专业性的，销售人员要结合自身实际来参展。应该说，一年两届的广交会是国内最大的国际性展会，但动辄十几万元甚至几十万元的参展费却让实力较弱的销售者望而却步。而那些知名度相对较弱的展会又吸引不了太多的客户来光顾，起不到良好的效果。兼顾二者，我认为，参加专业性的展会相对比较好些，这样的展会客户相对比较集中和专业，费用也不是太高，一般只需 2 万元左右。

2. 展前的准备：精心策划

参加参会前，一定要做好准备。

（1）展位的选择

参展的目的就是将自己的产品展现在客户面前，吸引客户，进而达成交易，因此展位的选择就显得尤为重要。为了吸引更多的人，可以选择拐角处的双开面展位，费用也不太高。除此之外，选择一个人流较大的展位也比较重要，偏僻的展位效果会大打折扣。

一般来说，展会邀请方会给企业发来邀请函，并附有展位平面图，如果能提前预订展位，一般都能获得较理想的展位。

（2）展位的设计

展位是门面，其设计要醒目，要能够吸引观众的眼球，最重要的一点就是专业，最好请专业的设计公司进行设计和装潢。展位的色彩要整体协调，不要太花哨。展位的上方最好贴出大幅强势宣传广告喷绘画，配合理想的灯光效果，更容易吸引客户。

（3）样品的摆放

不仅要把公司的拳头产品摆在客户第一眼能看到的位置，还要根据客户对样品的关注度及时调整样品的位置。如果发现你的拳头产品并不是客户所需的，就要根据客户的需求进行调整。

（4）样本的设计

展位上，客户较多，很多人都是先收集样本回去慢慢研究。样本是一种比较直观的宣传资料，设计样本时可以借鉴一下国外同行大公司样本的模式，一定要精美。

（5）对手的摸底

在专业性的展会中，会有很多同行参展，对竞争对手要做到知己知彼。参加展会前，要对同行进行全方位的摸底，包括展位的位置、展位的设计、产品的价格等，你可以扮作客户去“刺探军情”，但不要露出马脚。

（6）客户的邀请

展位定下来后，就要遍发英雄帖，邀请客户届时参观你的展位。邀请函上，要注明展会的名称、时间、公司的展位号、参展人员和联系方式，也可以顺便附带推出最新的产品。

邀请的时间一般在展会前一个月左右。这样做的好处有很多：首先，告诉客户你参展了，你很有实力；其次，由被动地等客户变成主动请客户，效果更加明显；再次，面对面的沟通要比电话或邮件沟通容易得多；最后，可以节省很多拜访客户的费用。

3. 展中的注意事项

细节决定成败，在参展过程中需要注意一些细节。

（1）保持斗志

参加展会的销售者不仅要统一着装和佩戴公司标识的胸牌，还要注重自己的形象。要站立迎宾，精神抖擞，体现出良好的精神面貌。如果在展会前随意打闹或吃喝，或者无所事事、看书读报，会给客户留下不好的印象。

（2）胆大心细

如果有客户主动光顾你的展位，就要主动和其打招呼。只要对方能到你的展位驻足一下，起码说明他对你还是有一定的兴趣的，你就应主动表示欢迎。

（3）与客户合影留念

可以和来展位的客户合个影，并在对方的名片上标明一下。通过合影，便于记住客户的模样；如果在事后能够将相片加工一下，写上“×年×月×日与××在××会展合影留念”，将相片以邮件发给客户，定然会起到比较理想的效果。

如果对方是老客户，则要掌握以下两点信息：首先，要询问客户对以前使用的产品有何建议；其次，要询问客户将来需要什么样的产品。

（4）与同行交换客户资源

这里所指的同行，并不是指同一种产品的企业，而是指同一类产品的企业。比如，汽车配件类展会，参展商所经营的品种有很大的区别，有展览车用音响的、有展览车用灯具的、有展览车用座椅的等。

此类参展既是供应方，又是需求方，客户也许会向你求购你所不生产的汽车配件，因为他们不一定比你更了解国内市场。所以，要主动拜访一下这些同行，向他们推荐一下你的产品，将样本留给他们几份；同时，还要向他们索取样本，资源互补共享。

（5）小心提防探子

展会上经常会碰到同行中的探子，他们会扮作客户来套你的价格和技术，甚至客户资料，所以要保持警惕。识别探子方法有几种：①到同行展位去转转，初步认识一下参展的人员，这样他们来你们展位刺探信息时你就会有点印象了；②从谈话中可以感觉出对方是否为探子，如果对方只询问敏感性的问题就要提高警惕了。

（6）做好工作总结

参展结束后，要对当天的客户进行归类整理，并将谈话要点记录下来。配合合影努力记住客户的模样和名字。另外，要根据客户谈话中所提出的需求判断今年的产品流行趋势，和公司决策层讨论新产品的开发及推广。

比如，展会上展出的车载液晶电视最大尺寸为17寸，而许多客户想要21寸的。如果你捷足先登，能够生产出21寸的液晶电视，那你今年的销量定然会不错。

（7）展后及时跟进

参展结束，只能说工作进行了一半，真正起作用的是展后的及时跟进。

（8）做好客户分类

根据展会上与客户谈判的过程和结果，可以将客户分为正式客户、潜在客户、无效客户。这里的正式客户是指老客户，根据上面提出的两点来开展工作即可；潜在客户则是指对你的产品有明确的订购意向，只需进一步跟进，确定一些细节即可订货的客户；无效客户是指仅在展会上留下名片，没有进行过交流，仅收集了一些资料。

销售人员要将展会期间的客户记录进行梳理，与客户对应起来，把自己的一些设想添加进去，以备下一步工作开展之用。

(9) 主动联系客户

给每位客户发邮件，邮件中体现出上次展会的内容。对重点客户要重点联系，先联系重点客户，分清主次。附件中，可以添加展会时的合影。

(10) 及时回复客户

邮件发出去以后，陆续会收到一些回复。对这些回复要认真阅读，掌握客户的真实想法，针对客户的回信内容及时复信。如果客户需要就某产品的报价，就专门为客户制作报价单。报价单包括以下项目：产品名称、图片、单价、特征、规格和包装方式等。

(11) 不要忽视了再次跟进

如果客户对你的产品和价格比较满意，就要诱导他订购你的产品，比如，订购的数量、时间、交易条件等，用这些问题来引导客户进入正题。如果你发了邮件，客户没有反应，可以在一个星期后再发一封与上次有所区别的邮件。如果客户仍旧没有回复，则要考虑一下客户是否对你的产品不感兴趣了。

“一边上网，一边找客户”—— 网络资源不可忽视

网上找客户是众多企业或公司拓展生意的重要渠道，对于销售人员来说，如何借助互联网来寻找客户、获得订单呢？

孙晓梅性格开朗，在一家化妆品公司做销售，虽然她平时吊儿郎

当的，可是业绩却非常不错，一年之后，就被选为销售部经理。其实，孙晓梅也没有什么销售秘诀，主要就在于她非常喜欢上网。没事的时候就会打开电脑到各个论坛逛逛。而且，由于自己对美容非常感兴趣，还在一些网站的论坛上设置了专栏。不是发一些祛斑小窍门，就是讲一些护肤心得；还有什么瘦身方法啦、减肥秘诀了……由于每日的信息都是不断更新的，后面的跟帖者众多。

大家在论坛上一来二去成了朋友，孙晓梅就顺势将自己销售的化妆品推销了出去。一传十，十传百……孙晓梅的业绩也就很快提升了。

不可否认，网络确实是一种不错的寻找客户的渠道！如今，互联网已经成为人们获取信息的主要途径，拥有着丰富的信息，包括知识类、商业类、感情类等。因此，销售人员完全可以利用互联网寻找客户。

网络用户群体庞大，人与人之间的交流往往建立在信任的基础上。如果对方对你产生了信任，就会信任你的产品，继而产生购买行为，从这个意义上来说，利用网络来进行销售确实可以取得事半功倍的效果！

如今，随着计算机技术的发展和网络的普及，通过上网找客户已经成了商界的一种主流趋势。面对网络中众多的信息，到底如何才能快速地找到客户呢？

1. 关键词排名

一般情况下，用户是从搜索引擎中获得企业的网上信息的，因此首先就要把企业的关键词排名到搜索引擎的前面，如此用户才能快速地找到企业相关信息。如果你选择的词语不热门，可以找个技术人员优化排列到百度、谷歌（Google）等搜索引擎的前列。

2. 邮件营销

当潜在客户读完企业的网上资讯后，必然需要一条途径来持续发展与公司间的关系。电子邮件提供了一个建立交谈的好方法，可以鼓励客户多提一些问题，销售人员则要迅速回复，与客户通过电子邮件不断保持联系。

3. 论坛推广

销售人员可以主动搜寻网上的讨论立场，注意相关产品的信息。一旦发现了相关的交谈内容，就可以立即提供资讯，回答问题并澄清错误，进而发掘出新的潜在客户。

4. 网络广告

通过互联网进行广告宣传，有利于客户迅速取得资讯。客户一般都会在网上寻找丰富的资讯、图片、证明资料等，销售人员完全可以代表甚至通过电子邮件与客户交谈和回答问题。当消费者取得相关资讯后，就会和你建立起友谊，并将驱使他下订单购买。

5. 视频营销

通过自制短片，上传，并和别人分享，也是一种不错的方法！除浏览和上传之外，还可以通过回帖就某个视频发表已见，并给它评分。因此，销售人员完全可以把广告片、一些有关品牌的元素、新产品信息等放到视频平台上吸引网民的参与。例如，向网友征集视频广告短片，对一些新产品进行评价等，这样不仅可以让网友获得收入，还可以扩大自己的宣传。

实用操作工具

寻找、识别大客户的步骤

什么样的客户才是销售人员需要的大客户？是销售额高的，是毛利率高的，是资金实力雄厚的，还是经营场地面积大的？在寻找、识别大客户的时候，可以参考这样几个步骤：

1. 确定研究目标

通过客户资料的收集、分析，找出大客户；然后，对大客户进行个性化管理，并对其服务进行跟踪，及时改进服务，保持他们的忠诚。

2. 拓展信息来源

应建立多渠道的、便于大客户与经销商沟通的信息来源，比如，销售中心、电话、呼叫中心、电子邮件、经销商的Web站点、客户座谈会等。

3. 收集大客户信息

对大客户的资料进行收集，不仅包括姓名、性别、年龄、职业、住址、电话、电子邮件等客户个人信息；还包括客户的采购频率、采购金额、最近一次采购时间、采购品种、客户的还价能力、关注重点、购买习惯等购买历史信息。

4. 分析大客户信息

通过对大客户信息的分析，可以让你了解每个大客户在周期内投入该产品或服务的花费，这一指标是所有指标的支柱。

第三章
拜访顾客是销售成功的关键

客户拜访是最基础、最日常的工作：市场调查需要拜访客户、新品推广需要拜访客户、销售促进需要拜访客户、客情维护需要拜访客户。拜访顾客是销售成功的关键！

“昨天我已经和你们老板约定好了”——拜访前做好事先预约

在正式拜访客户之前，做好预约是非常重要的！优秀的销售人员在上门拜访前，一般都会先和对方预约，在征得对方同意并预订好拜访的时间、地点后，再登门拜访。即使是因急事需要临时拜访，也会事先征得主人的同意。有这样两个故事：

故事一：

周涛和客户已经联系很长时间了，可是对方一直都在推托不见面。下午，周涛打开了笔记本，看着客户的名字，不禁突发奇想：我就不信说服不了你！然后，便贸然来到了对方的公司。可是，由于没有提前预约，秘书没有让他进去。最后，他只好灰溜溜地走了出来。

故事二：

星期四的下午，周兵来到一家公司。前台拦住了他，问他找谁。周兵说：“找你们老板！昨天，我已经和你们老板约好了。”然后，秘书便接通了老总办公室的电话。果不其然，周兵顺利地走了进去。

无论是公务性拜访或商务性拜访，还是私人拜访，贸然上门都是不符合礼仪之举。未经预约唐突拜访可能会给对方造成不便，如果对方不在，也会浪费不必要的时间，因此提前预约是非常必要的！

在销售过程中，预约确实占有非常重要的地位，销售人员应该视情况寻求最佳的销售方法，只有这样才会做到得心应手。只有成功预约客户才能走近客户，进而走向销售成功！

销售人员在约见客户时，要充分尊重客户的意愿。同时，还要掌握一定的方法和技巧。

1. 掌握预约客户的常用方法

如何预约客户呢？通常来说，可以采用以下方法：

（1）利益预约——给客户一定的利益

所谓利益预约，就是销售人员通过简要说明产品的利益来引起客户的注意和兴趣，从而转入面谈。其主要方式是陈述和提问，告诉购买者所销售的产品能够给其带来哪些好处。比如，一位文具销售人员说：

“我们厂生产的各类账册、簿记比其他厂家生产的同类产品便宜三成，量大还可优惠。”

这种利益预约法迎合了大多数客户的求利心理，突出了销售重点和产品优势，有助于很快达到预约客户的目的。

（2）问题预约——给客户提个问题

所谓问题预约，就是直接向客户提问，引起客户的兴趣，使客户集中精力，更好地理解和记忆销售人员发出的信息，激发起客户的购买欲望。比如：

“黄女士，您好！秋天来了，你的皮肤有没有脱皮现象？这是由气候干燥、气温下降的原因造成的。我想跟你约个时间，看看你的皮肤状况，让你试用一些补充水分、滋润皮肤的产品。你看，什么时间比较方便？能把你的电话告诉我吗？到时我打电话给你。”

（3）赞美预约——赞美客户的优点

人人都具有自尊和希望他人重视与认可的心理，销售人员可以利用这种心理来引起客户往下交谈的兴趣，进而达到预测客户的目的这就是赞美预约。需要注意的是，在赞美对方时要恰如其分，不能虚情假意、无端夸大；一定要出自真心，要讲究技巧。

（4）求教预约——主动向客户请教问题

一般来说，人们都不会拒绝登门虚心求教的人。为了实现约见的目的，销售人员在使用此法时应认真策划，把要求教的问题与自己的销售工作有机地结合起来。

（5）好奇预约——激发客户的好奇心

一般人们都有好奇心，销售人员可以利用动作、语言或其他一些方式引起客户的好奇心，吸引客户的兴趣。

（6）馈赠预约——给客户赠送点小礼品

销售人员可以赠送一些小礼品给客户，引起客户的兴趣，进而预约客户。在选择所送礼品之前，销售人员要了解客户，投其所好。值得指出的是，赠送的礼品不能违背国家法律，不能变相贿赂，更不要送高价值的礼品，以免被人指控为行贿。

（7）调查预约——进行一项客户调查

销售人员可以利用调查的机会预约客户，这种方法隐蔽了直接销售产品这一目的，比较容易被客户接受，在实际中很容易操作。比如：

“小姐，您好！可以打搅您几分钟吗？我是××公司的销售顾问，我想请您帮助做个问卷调查，回答一下这几个问题：

A. 您是否觉得自己很累呢？

B. 您是否觉得自己的皮肤没有光泽和弹性呢？

……

如果您有机会学习改善以上问题的方法，您愿意抽出1～1.5小时的时间吗？”

（8）连续预约——有效进行多次的预约

所谓连续预约，就是利用第一次当面预约时所掌握的有关情况实施第二次或更多次当面预约。实践证明，许多销售活动都是在销售人员连续多次预约客户后，才引起客户的注意和兴趣的。

2. 电话预约客户的技巧

电话约见，不仅速度快，而且灵活方便，是约见客户的主要方式，可以使销售人员免受奔波之苦，又使客户免受突然来访的干扰，几分钟之内双方就能够就约见事宜达成一致。具体技巧如下：

（1）直接进入主题

这里有一段学员和金牌销售的谈话：

学员："您怎样开始预约呢？"

金牌销售："如果这位准客户是张经理。她的秘书一接起电话，你就要说：'请转张经理，我是×（你的名字）。'自信地说完这番话，不要用疑问句。"

学员："什么意思？"

金牌销售："如果说：'张经理在吗？'第一，暗示您并不知道他是否在办公室；第二，事实上，您并未要求和张经理通话，只是问他是否在那儿。这是完全不同的两句话。如果你知道他在那儿，还得要求和他通话，又回到了最初的起点。而且，这个问题很容易招来一个保护性的'不在'，然后可能是彻底地被拒绝。"

学员："您有什么建议吗？"

金牌销售："打电话前，我会把张经理想象成一位朋友。我会说：'请转张经理，我是×（名字）。'十有八九，秘书会在一秒钟后拿起听筒。"

学员："为什么不只说'请转张经理'呢？"

金牌销售："之所以要报上姓名，是因为绝大多数秘书会询问是谁打来的，还得回答她们。而且，接着还会问第二个问题：'哪一家公司？'如果你说出了公司的名称，秘书还会问你公司的业务。"

学员："难道您从来不会陷进这种尴尬处境？"

金牌销售："我说的是大部分情况下会出现的情况。"

学员："那么，您怎么处理大部分情况以外的情况呢？"

金牌销售："千万不要躲躲闪闪。最好的问答是：'是××公司，他在吗？'这时候，张经理的秘书有三个选择：接通你的电话，告诉你他确实不在；或者了解更多的情况；如果她很忙，最简单的事情就是把你的电话转进去。"

学员："这就完了吗？"

金牌销售："不，很多时候，秘书会问您希望和张经理谈一些什么事情。吞吞吐吐的回答只会把这次销售扼杀在摇篮之中。"

学员："那怎么办呢？"

金牌销售："我会尽力躲过这个问题，并再一次提出约见要求：'您是她的秘书吗？我打电话来是希望安排一次与他的约见。是您来安排他的所有的约会呢，还是我直接和他联系？'"

学员："不过，如果这位秘书仍坚持让您回答呢？"

金牌销售："用最简短、最直接的方式回答。向她保证，您的电话只占用很短的时间。然后立刻转开话题，要求和准客户通话。"

学员："如果秘书坚持说张经理太忙了，没有时间与您见面，并试图让您和其他人谈谈呢？"

金牌销售："对付这种局面的最好办法就是告诉这位秘书你能理解张经理的时间十分珍贵，你也十分高兴能和他的助手谈话。如果你必须见到张经理，最好的做法就是先撤退。在这种情况下，我会说：

‘在我和张经理沟通之后，很高兴能和他的助手交谈。我并不是一定要在今天见到他，您建议我什么时候再打电话呢?’”

学员：“这样，就会得到和张经理说话的机会了?”

金牌销售：“一般是这样……”

(2) 对客户多一些关心

“李经理，我是××公司的销售人员小周，您上月10日寄来的用户调查表已经收到，非常感谢你们的大力支持。目前，我公司新推出系列家电产品，质量和效果都比过去产品有较大的改进，售价也比同类厂家产品低一些。因此，我想尽早介绍你们单位试用。”

在上述电话约见方法中，销售人员小周利用自己与客户代表的熟识关系，借感谢对方大力协助之机，推广新投产的产品并要求对方约见，层层推进，顺理成章。

从这段通话中可以得知，销售人员与客户代表已经认识，并且有了一段时间交往。因此，销售人员可以直接在电话中向对方报上自己的公司名称，立即进入谈话主题。

(3) 问题简单明了

有这样一段电话预约：

“小姐，我是××钟表制造公司的销售人员，今天冒昧打扰，想向您介绍我公司最近研制成功的一种考勤打卡钟，它的特点是准确精巧、质量可靠，在纽约试销时返修率不到万分之一，价格也比进口的同类产品低30%，很适合你们这样的企业使用。我打算明天上午10时或下午4时去贵公司拜访，好吗?”

这位销售人员说理充分，问话符合“两选一”的约见原则，又给了对方考虑的余地。这类电话预约，问题明了，要求约见的理由充分，对方通常是会同意与销售人员直接面谈的。

（4）做好资料的跟进

许多销售人员经常只将有关产品的宣传资料或广告信函邮寄给客户就万事大吉了，忽视了更为重要的下一步——销售人员跟进，因而收效甚微。其实，很多客户在收到销售人员的函件资料之后，可能会把它冷落一旁，或者干脆扔进废纸堆里。这时，如果销售人员及时跟踪客户，与有关客户联系，就可以起到应有的销售作用。这里，我们有这样一段电话录音：

“您好，上星期我公司寄来的一份电冰箱的广告宣传资料收到了吗？看了以后，您对这一产品有什么意见？”

通常来说，对方接到这种电话，或多或少会有一番自己的建议与看法。此时，聪明的销售人员会立即提出约见要求，以便听取客户对所销售产品的意见，届时亲自上门向客户讲解推荐，一笔生意会很快谈成。

（5）提供细致周到的服务

“××先生，您好，我是××公司的销售人员。昨天您和经理一道来我们公司门市部选购电子计算机，决定要等过了圣诞节再购买。现在刚巧有个好机会，从下周开始我公司开展促销活动，不仅每台计算机的价格可以优惠供应，而且实行‘三包’服务，还负责培训操作维修人员，免收费用。我想，你们不会错过这个绝好机会吧？因此，我建议你们还是赶快购买，最好在下周五上午来销售部选购，届时我在那里恭候您的光临，派人送货上门。”

销售人员的此番言语，肯定能打动客户的心，早买早用，又可以享受优惠价格和优良服务，何乐而不为？销售人员能为客户的利益想得如此周到，而且亲切有礼，客户遇到如此约请，一般都会从百忙之中抽出时间，欣然前往赴约洽商。

3. 当面约见客户的方法

当面约见客户是一种常见的、简便易行的方式。可是，在许多场合，当面约见是在客户毫无准备的情况下进行的，因此，难免会影响到客户的工作，占用客户的时间。正是因为这样，在销售工作中，一些销售人员就会受到对方的冷遇、怠慢，有时少数客户还会故意安排秘书、助手挡驾，给销售人员设置各种障碍。那么，销售人员该如何避免客户的消极态度，使双方的洽谈有一个良好的开端呢？下面，就来具体介绍几种工作方法与应对技巧：

（1）当面将请求说出来

约见的主要任务是为随后的正式洽谈铺平道路，引起对方的兴趣与注意，使对方认识到购买的重要性。所以，在当面陈述自己的请求时，无论语气还是用词，必须坦率诚挚、中肯动听，避免与对方发生争辩与分歧。

（2）向对方说明来意

当采购大型机械设备、大量原材料时，客户一般都会先委托他的下属，如秘书、助理等人员去和销售人员洽谈，并不会直接与销售人员正面接触。可是，他的下属并没有最终的决策权，因而销售人员在与这类人员接洽时，应面带微笑，先自我介绍单位名称，除非对方追问，一般不要作进一步应答，以免言多有失。可以一面强调与其上司面谈的必要性，一面只对自己的来意作大概的陈述，故意将重要的问题保留，与决策者见面时再作详述。

（3）告诫警示

有些客户的秘书和下属难免会待人傲慢，常常借故推托不让销售人员见到客户本人，给上门拜访设置各种障碍，使销售人员的工作难以开展。这时候，销售人员完全可以采用告诫警示法，利用助手、秘书、下属的心理弱点，微带告诫地提醒对方。

当这些人员故意设卡刁难时，销售人员可以用肯定而自信的语气告知对方：

“我拜见你们老总的目的，就是想设法解决贵公司生产的收录机接收性能不稳、音质嘈杂的老大难问题。如果他知道我今天来拜访他而没有见面，事后一定会非常懊悔，甚至会怪罪你。与其如此，不如让我亲自找他谈一谈。”

对方听完这话，深知事关重大，耽误不得，为了避免事后担当责任，相关人员一般都会立刻安排上司与销售人员见面。

“我就是想见你们老板”—— 拜访客户讲礼仪

对于客户拜访，要讲究一定的拜访礼仪，比如：

要准时。如果有紧急的事情，或者遇到了交通堵塞，要立刻通知要见的人。如果打不了电话，则会让别人替他通知一下。如果对方要晚点到，可以充分利用剩余的时间，整理一下文件，或休息一下。

在等待时要安静。尽量不要通过谈话来消磨时间，因为这样会打扰别人工作。假如已经等了20分钟，不要不耐烦地总看手表，销售会问助理：“××，什么时候有时间。”如果等不及，则应该向助理解释一下并另约时间。不管对助理的老板有多么不满，作为销售也一定会对客户甚至助理有礼貌。

作为销售人员，拜访是一个礼节性较强的必须实行的社会交流活动，既可以联络感情，增强友谊，又可以提升工作进展。可是，拜访客户时，一定要遵守礼节、尊重客户，不能在客户面前表现得随随便便。

约好去拜访对方，无论是有求于人还是人求于己，都要从礼节上多加注意，一旦失礼于人，就会损害自己和单位的形象。在这里，我们就简单说一下到客户那里拜访注意的礼仪细节。

1. 提前预约好

在决定去客户家里拜访的时候，一定要提前打电话预约，在得到主人同意之后，才能按照约定的时间去拜访；而且，约定的时间一定是主人没有安排其他事情又不妨碍休息的时候。

如果不打电话就贸然去拜访，很容易引起客户的反感，打扰客户的休息和生活秩序。如果因为特殊情况不能去拜访，一定要提前电话通知并表示道歉。

2. 选择合适的拜访时间

拜访客户的时候，一定不要打扰客人的休息时间，时间不能过早也不能过晚，最好是下午或者晚饭过后。

3. 进门前一定要敲门

去客户家拜访走到门口时，一定要礼貌地轻轻敲门或者间断性地按下门铃，然后等待客户前来开门；得到客户邀请后，方可入户。如果去拜访的客户家的大门是全开的或者开着的，也要在门口询问后才可进入。初次拜访客户的时候最好是带一点符合其年龄阶段的礼品。

4. 进屋之后要注意

得到主人许可进屋后，如果是地毯地板一定要礼貌地换下拖鞋，然后和主人问候，行见面礼仪，一一问候家里的人员，按照长辈到晚辈的顺序。

入座之前要脱下外衣和帽子，一定不要乱扔乱放，避免引起主人的反感。

在得到主人让座的时候才能坐下，不要随便就座，要做得标准礼貌。

在和客人聊天谈话时，姿势要端正自然，要注意语速和声音大小。在主人家未经主人允许不能胡乱走动，不能翻看摆弄摆放的物品和东西。

初次拜访客户要掌握时间观念，最好 20 分钟为好，以免影响客人休息。

5. 告辞也要讲礼仪

如果看到主人有急事或者要急着出门，一定要尽快结束对话辞别。要有礼貌地告别，要向主人表达比如“时间不早了，就不多作打扰，我要告辞了”的话语，走时要说再见。

在打算告别之前，一定要心平气和，要坦然地告别，既不要让客户看到你走得很着急的样子，也不要在客户说完一段话之后就告辞，一定要找对时机，把握好时间。

“您好……”—— 重视客户的初次拜访

对于很多销售人员来说，初次拜访客户的时候怎么说是一门重要的学问。好不容易预约到了客户，如果第一次拜访的时候表现不好，那么以后再想见客户就很困难了。从一定意义上来说，第一次拜访也是阻碍新销售的一个重要门槛。

孙娜在前一天通过电话约了客户赵经理，早上 8：30 就去拜访。对方的公司在北京郊区的一个高新技术开发区，路程很远。为了不迟到，孙娜早上不到 6：00 就起床了。坐了一个半小时公交车，又在开发区转悠了半天，8：10 孙娜来到了对方公司的办公楼。稍微喘了口气，便登记进入大楼。

8：25 孙娜来到了公司前台，8：30 赵经理出来，把孙娜带到了会客室。简单寒暄之后，销售洽谈进入正题：

孙娜："赵经理，你们这次要采购什么配置的电脑?"

赵经理："这是配置清单，我们要比较高的配置，起码要用个 3 ~ 5 年不会过时。"

孙娜："如果是这样，这款电脑就很合适，配置完全满足您的要求，而且保证 3 ~5 年内都能使用。如果您有什么特殊要求，我们也可以专门为您定制。"

赵经理："我看看，嗯！和我们的需求比较相符。这款电脑你们卖多少钱?"

孙娜："每台 6800 元。"

赵经理："6800 元？太贵了。我们这次至少采购 50 台，你给个最低价。"

孙娜："50 台？最低可以到 6000 元。"

赵经理："6000 元也太贵了。你们能不能送我们 1 台备用机?"

孙娜："这恐怕不行，公司没有这样的先例。"

赵经理："维修怎么办？是上门维修吗?"

孙娜："是的。"

赵经理："谁来维修？你们公司的工程师吗?"

孙娜："我们委托专业的维修机构——金维来提供服务。"

赵经理："多长时间上门?"

孙娜："72 小时之内。"

赵经理："一般情况下，多长时间能修好?"

孙娜："应该很快就能修好。"

赵经理："我听说，金维维修挺慢的，我的一个朋友电脑拿走一个多月了，还没修好。”

孙娜：“是这样，一般小毛病很快就会修好，但是如果是主板等重要部件出了问题，可能要从美国进口零配件，时间就会长一些。”

赵经理：“好，我知道了，谢谢你的来访，我们研究一下通知你。”

孙娜：“我过两天给您打电话？”

赵经理：“不用，我到时候会给你打电话。”

以前，孙娜认为，销售人员只要勤奋，就能取得好的业绩，没想到这次自己是起早贪黑，结果却断送了订单！

你的拜访结果是什么样的？是开启了客户的大门，还是去断送订单？很多时候销售人员的初次拜访就是这样草草结束的！客户往往都是很忙的，销售人员的拜访必然会占用客户的宝贵时间，要想进行一次有效率的初次拜访，就要做好下面的3项重点工作：

1. 有特色的自我介绍

很多销售的自我介绍都是：“我是……，我们公司是……”要站在客户的角度思考，客户每天要做很多事，要见很多人，如此千篇一律的自我介绍是很难给客户留下深刻印象的。

其实，在拜访的过程中，有个30秒的黄金定律：在销售人员给客户递名片后，这30秒时间是客户最用心倾听销售人员讲话的，整个拜访中能不能引起客户的兴趣，很大一部分取决于这个黄金30秒能否吸引客户。可是，很多销售人员在递名片后，往往就开始喋喋不休地介绍自己的公司和产品，客户自然会感到厌烦。

正确的做法应该是：准备一个有特色的自我介绍，在递名片给客户的同时介绍自己，让客户对自己产生印象。有个销售高手是这样介绍自己的：“张总你好，很高兴认识你，这是我的名片。我叫李悦，名字很容易记，倒过来读就是月历。”

2. 消除客户的防备心理

很多销售新人在拜访客户之前，往往会做很充分的准备，把自己公司的介绍和产品的资料背得滚瓜烂熟，到了客户那边，一有机会就滔滔不绝地讲给客户听。

其实，做销售很重要的是懂得换位思考，很多时候，当你充满激情地介绍你的公司和产品有多牛的时候，客户的怀疑和防备心理就越重。因为根据心理学，人在接触到陌生人时，内心第一反应就是防备，所以第一次拜访客户，自我介绍完之后最重要的是要暖场，要快速拉近与客户的距离，解除客户的防备心理。

很多销售人员都懂得，不能一开始就跟客户谈正事，为了跟客户拉近关系，很多销售经常会先寒暄下，比如“今天的天气很好啊”，或者赞美客户“你穿的这个衣服真有品位啊”。但是，这些没营养的客套是很难提起客户兴趣的。

那么，到底要怎么才能拉近与客户之间的距离呢？要谈论客户所关心的事情。两个人很陌生，仅靠一些拉近乎、赞美的小伎俩是没有办法消除客户对你的防备心理的，如果一开口就谈论客户关心的事，客户必然可以感受到你对他的尊重，在接下来的沟通中，销售销售人员和客户的距离就能慢慢拉近。

3. 通过提问来掌控拜访的主动权

为什么很多销售人员在第一次拜访的时候，会被客户匆匆打断呢？现在，我们就来详细分析一下整个拜访。

> 客户：“嗯，你好，你们公司主要是做什么业务啊？”
>
> 客户：“嗯，挺不错的，有没有详细的介绍资料我看下呢？”
>
> 客户：“好的，行，那我有空看下资料，有需要我再给你电话，谢谢你！”

可以看出来，整个拜访过程，基本都是客户在提问，销售人员在回答，是客户在掌握沟通的主动权，销售人员一直处于被动状态；销售人员喋喋不休地介绍自己的产品，可是并没有吸引客户兴趣，最后客户结束了这次沟通。这样的拜访基本上是没有任何价值的，因为既没有了解客户的需求，也没有给客户留下有价值的印象。

那么，怎样做才能提高拜访的质量呢？通过提问来掌控拜访的主动权。沟通的时候，话题的主动权通常掌握在提问者一方，而且只要销售人员问的问题是跟客户相关的、有价值的，客户都会感觉到你是在关心他；而客户在回答你的问题的时候，你也就能了解到客户更多的信息。在这一问一答中，销售人员更容易了解到客户的需求所在。

一旦掌握了提问的主动权，拜访的过程就会变成下面这样：

销售人员："张总，你好，我是××的陈小兵，很高兴认识你，这是我的名片。（递上名片）这个名字很好记啊，小时候咱们都看过《小兵张嘎》。这部电影你看过吧？"

客户："我看过，不过我女儿倒是更喜欢看。（接下来可以围绕他女儿这个话题寒暄一下，通过提问来掌握沟通的主动权）"

销售人员："张总，今年整个行业环境都挺不好的，咱们公司今年过得好吗？"

客户："也是受到大环境的一些影响，不过我们在营销方面及时改变了一些策略，所以整体来讲还是不错的。"

销售人员："对啊，营销策略对一个公司来讲真的非常重要，那公司这边目前对品牌方面的营销推广主要采用的哪些方式呢？"

客户："目前是电视、杂志、报纸等这些推广渠道，我们都有投放。"

销售人员："据我了解，现在咱们这个行业内，已经有不少企业重视互联网的推广渠道了，咱们公司好像在这方面还投入不大，这是出于什么考虑呢?”

客户：“在网络这一块我们觉得跟我们的企业的用户不太匹配。”

销售人员：“如果能够精准影响到企业的用户，其实互联网也是可以考虑的推广渠道，是吧。”

“这是我的名片”—— 了解交换名片的学问

名片是一个人身份的象征，如今已经成为人们社交活动的重要工具。因此，名片的递送、接受、存放也要讲究一定的社交礼仪。在递名片时，要用双手捏住名片的两个角给对方递上，名片上的字体要正面朝向对方，同时和对方说：“请多关照”“请多指教”等，以示客气。看过对方递过来的名片后，还要郑重地放好，随手一放会表现出对对方的不恭。

2000 年 4 月，新城举行了春季商品交易会，很多厂家都云集到了这里，企业家们济济一堂。甲公司的销售经理徐总在交易会上听说乙集团的崔董事长也来了，想利用这个机会认识这位素未谋面又久仰大名的商界名人。

午餐会上他们终于见面了，徐总彬彬有礼地走上前去，“崔董事长，您好，我是甲公司的总经理，我叫徐刚，这是我的名片。”说着，便从随身带的公文包里拿出名片，递给了对方。

崔董事长显然还沉浸在之前的与人谈话中，顺手接过徐刚的名片，说：“你好。”之后，便草草地看过，放在了一边的桌子上。徐总在一旁等了一会儿，看到这位崔董事长没有交换名片的意思，便失望地走开了。

不可否认，这位崔董事长对于名片这种交往方式太不认真了，他的举动对别人是非常不礼貌的，这样会让自己失去多认识一个朋友的机会，失去许多潜在的商机。

现代社会，名片交换是重要的交际渠道，它可以向对方表示尊重，也可以增进双方了解，在任何时候都应引起重视。做销售的，一般都有自己的名片，这时候就要放在适当的地方以便随时取用。

名片是销售人员必备的一种沟通交流工具，就如同一个人简单的履历表。如果想适时地发送名片，使对方接受并收到最好的效果，需要注意下列事项：

1. 名片的递送

在社交场合，名片是自我介绍的一种简便方式。交换名片的顺序一般是“先客后主，先低后高”。如果你同时要和很多人交换名片，就要按照职位的高低顺序，或是由近及远依次进行，最好不要跳跃式进行，否则对方会产生厚此薄彼的感觉。

递送的时候，要将名片正面面向对方，双手奉上；眼睛要注视对方，面带微笑，并大方地说：“这是我的名片，请多多关照。”名片的递送最好在介绍之后，在还没有搞清对方身份时不要急于递送名片，更不要把名片当作传单一样随便散发。

2. 名片的接受

接受名片时，要起身；接过名片时，要说“谢谢”；接过名片后，一定要看一遍，绝对不能连一眼都不看就收起来；可以将对方的姓名、职衔等统统念出声来，并抬头看看对方的脸，使对方产生一种受重视的满足感。然后，回敬对方一张本人的名片。如果身上没有带名片，要向对方表示歉意。在对方离开之前，或话题还没有结束时，不要急于将对方的名片收起来。

3. 名片的存放

接过别人的名片之后不要随意摆弄，可以放在桌上或放进名片夹中。如果放在桌上，不要在它上面压东西，否则被认为不恭敬；如果没有名片夹，也不要随便地塞在口袋里或丢在包里，可以放在左胸的口袋里，表示对对方的尊重。

“你好……”——记住客户的名字

在这个世界上，最美妙的话语不是称赞对方如何貌美如花、如何财大气粗，而是当众叫出他的名字，让他知道你依然记得他。对一个人来说，名字是他的第一张名片。准确地记住客户的名字是对客户最大的一种重视，也是提升客户满意度的一个好方法。

李可是酒店的常客，这天他带着自己的朋友赵飞再次入住酒店。进门前，李可就不断地向赵飞夸赞酒店的服务。

二人来到前台后，前台接待人员热情地问：“李可先生，欢迎再次来到我们酒店。”李可很高兴：“你还记得我呀，这次我是和朋友一起来的，他叫赵飞。”

接待员热情地招呼着：“您好，赵飞先生。”赵飞看着李可，心里感到很不解，难道李可是这里的贵宾吗?

办理完入住手续后，两人便来到了房间。客房服务员敲门进来，送给他们欢迎茶：“您好，李可先生，赵飞先生。”赵飞感到更惊讶了，客房服务员也知道我们的名字。

下午，两人换了运动装准备出去打网球。当他们到了网球场时，服务人员热情地迎了上来：“你好，李可先生，这次领朋友来的，还是老习惯吗?”赵飞不得用赞赏的眼光看着李可。

晚上他们二人来夜总会喝酒，服务员看到了，悄悄地和歌手讲了几句。片刻之后，歌手便回到场上说："今天，我们的老朋友李可先生来到了这里，这首歌特别送给您和您的朋友赵飞先生。"李可和赵飞都被酒店热情的服务深深打动了。

不可否认，案例中酒店的服务完全满足了客户的自尊心，效果也是相当好的！

学者马斯洛的需求层次理论认为，人们最高的需求便是得到社会的尊重，当自己的名字为他人所知晓的时候则是对这种需求的一种很好的满足。姓名是我们自己最熟悉、最甜美、最妙不可言的声音，记住对方的名字则是在交际中最明显、最简单、最重要、最能得到好感的方法。

优秀的销售人员在和客户的接触过程中，通常都能很快、很自然地叫出客户的名字。如果忽视了这一点，是很难在销售工作中取得好成绩的。可是，如何记住客户的名字呢？对于很多销售人员来说，记住一个人的容貌并不难，可是要记住一个人的名字就不那么容易了。

其实，每个人都能较好地记住客户的名字，只不过大多数人没有集中精力，没有利用正确的方法罢了。在这里，我就给大家提供几种方法：

1. 相信自己能够记住客户的名字

对那些只接待过一次客户就能将对方的名字牢牢记住的同事，很多销售人员都佩服到了极点，有些人甚至还会叹气说："我最不会记人名了，即使昨天才见过今天也会忘记。"

其实，大多数人的记忆力基本上都是相近的，别人能做到的，自己也能做到。要对自己有信心，既不要总是认为自己记不住，也不要抱怨自己记忆力不好，一味地抱怨只会让自己对于记住客户的名字更加没有信心。

只要消除对自己记忆力的怀疑，增强自信心，就能发挥你的记忆能力，将客户的名字牢牢记住。在记忆客户名字的时候，你可以对自己说：

“我有世界上最好的记忆力，能牢记很多名字。”并无条件地相信这一点，如此就会发现自己的记忆力也是相当不错的！

2. 多重复几遍

在与客户的交往中，要留意并尽快知道客户的名字，必要时可以有礼貌地问一下：“先生，请问您贵姓？”千万不要不好意思问。通常情况下，客户都很乐意听到销售人员提出如下问题：“对不起，可否请您再重复一遍您的名字？”“您的名字怎么写？”

一旦客户将自己的名字告诉了你，就要立刻在心里重复3次，并反复利用各种机会来称呼客户的名字，例如：“××先生，您看起来精神非常好。”以便加深印象，提高记忆效果。

3. 使用联想加深记忆

记客户的名字时，要尽可能地将它和你熟悉的影像或事物联想在一起。凡是你和客户相遇的地方、和这个名字有关的事物、你心中对这个名字的印象，都有助于记忆客户的名字。有个客户的名字蔡喜慧，如果倒过来念就成了“会洗菜”，印象一定很深刻。

4. 将客户的名字记录下来

俗话说得好：“好记性不如烂笔头。”要想有效记住客户的名字，在销售过程中最好把客户的名字和相关资料及时记录下来；然后，建立详细的客户档案，并在日后的工作中做好跟进记录，有事没事的时候时常翻一翻。如此，你就会和这些客户逐渐熟悉起来，并牢记他们的名字。

“下周末我去拜访您”—— 巧妙安排再次拜访的机会

一般来说，只要销售人员第一次拜访时客户没有把话说绝，比如“甭再来了”或“我们不希望再看到你”之类的话，就得坚持下去。一般来说，作为行业内的生意人，很少有人会把话说得这么绝，几乎没有人会断了自己的后路，这时候就要巧妙安排再拜访的机会。

李海是一家家电企业的销售人员，他的主要工作就是对外销售家庭用具——空调。靠着自己的不懈努力，李海虽然来公司还不到半年，但是业绩斐然，受到了领导的一致好评。

这天，一个朋友告诉他说，他们宾馆打算重新换一批空调，李海心里有了主意。第二天，李海便来到了这家宾馆，敲响了老板的门。

宾馆的老板听明白李海来意后，并没有答应。李海说："这样吧，你先考虑一下，明天我带样机过来，您先试用一下。"宾馆老板点头答应。

第二天，李海便带着样机来到了宾馆，并且还将其安装在了老板所在的办公室。试用一个星期之后，这笔单顺利成交——宾馆老板一次性购得40件。

案例中，为了和宾馆老板进一步接触，当第一次见面后，李海和其约定了二次见面的时间——第二天，带样品来。不难否认，采用这种方式来进行二次见面的预约，效果是非常不错的！

在我们身边，很多销售人员都认为，自己对客户的重复拜访是在做无用功，心里容易产生厌烦情绪。其实，每一单生意的促成都有一个过程，都需要谨慎从事，一次拜访就是一次积累。如果你第一次拜访没有取得理想的效果，就要争取第二次的拜访机会。那么，如何进行客户的二次拜访呢？

1. 多聊天

销售人员最好有一定的口才，要将这方面的优势充分发挥出来，同他们进行沟通交流，如此就可以一点一点地摸清客户的个性和兴趣。在与对方闲聊的同时，也就知道他们喜欢什么和讨厌什么了。比如，第二次去时带点小礼物或请人家吃顿饭，就知道对方想要什么或者喜欢吃什么了。

由于是第二次拜访，有些客户再次看见你时，即使不烦你，心里多少也会有些戒备，所以，销售人员第二次上门时，一定要比第一次更放得开。如果没有做好心理准备，一旦碰个钉子，心里又会紧张，个人的能力和水平就发挥不出来了。

2. **沉住气**

第二次去，已经对客户的性格和兴趣等方面有了一定的了解，所以要根据对方的情况作些相应的准备，把对方的厌烦转化为好感。要灵活处理，把握住机会。

一定要沉得住气！如果没有机会进入正题，你就在外围闲聊，主动创造机会；一旦发现了机会，就要立刻进入正题，开始谈生意，在时间上一定要把握好，千万不能强迫对方。

如果客户一上来就申明，他们不想跟你谈生意或现在不想跟你谈生意；即使没这么表态，但他们在用心忙别的事，你也要立刻撤退。如果不考虑对方是否方便，只想着自己一定要做成生意，只会让客户更加讨厌你。

一般的客户都不会直接对销售人员说“你不要再来了”这句话，如果客户真的对你这么说了，对你来说多少有些残酷。即使这样，你也不能说句“再见”就一走了之。在这种情况下，千万不能灰头土脸地出门，否则会让客户更加瞧不起你。

3. **多准备**

第二次去拜访，关键还是前期准备。有些客户表面上很欢迎你，但就是不谈正事。这样，就要根据对方的兴趣对症下药。如果客户喜欢围棋、象棋、麻将、扑克或保龄球，就要在这些方面跟他“叫板”，激他与你进行一对一的比赛。

事实证明，只要根据对方的“兴趣”下功夫，慢慢地你就能找到机会请对方吃饭或送些小礼品了。由于“臭味相投”，对方就有可能被你“和平演变”，那时再谈合同也就自然而然了。如果对方不接受你送的礼物，将它们原封不动地退了回来，生意也就差不多到此为止了。

不过，如果对方是一时难以攻下的关键客户，可以同时与客户单位里的其他人多交往一下，以提高自己的人气指数。

4. 认真看

做推销，没有激情，是绝对干不好的；但光有激情，也绝对干不好。作为销售人员，不仅要让自己保持高昂的激情；还要细致入微地对客户进行观察，随时把握他们的心理变化，设法满足他们的各种心理要求，争取让他们理解和接受你。

对客户进行第二次拜访的时候，不一定要谈业务，可以说：“路过顺便来看看。”和对方多聊聊，以便让对方记住你。一回生二回熟，慢慢地与他们的关系就好了，生意自然就会主动上门。

实用操作工具

拜访时，该注意哪些细节

在拜访客户中的一些细节处理，对销售的成功率有着重要影响。拜访时，该注意哪些细节呢？

1. 只比客户着装好一点

专家说：最好的着装方案是“客户 +1”，也就是说，只比客户穿得好“一点”。如此，既能体现出对客户的尊重，又不会拉开双方的距离。如果着装与被访对象反差太大，反而会使对方感到不自在，无形中也就拉开了彼此的距离。

比如，如果你是一位建材销售人员，经常要拜访设计师和总包施工管理人员，拜访设计师的时候就要穿衬衫，打领带，以此来体现你的专业形象；如果见的是后者，同样的着装就有些不妥了。因为施工工地环境的因素，工作人员是不可能讲究着装的。如果你跑工地的时候穿得西装革履，不要说与客户交谈，可能连坐的地方都很难找到。

2. 与客户交谈中不接电话

销售人员的电话一般都比较多，与客户交谈中没有电话不太现实。优秀的销售人员通常都很懂礼貌，在接电话前会形式上请对方允许，一般来说对方也会很大度地说没问题。可是，要知道，这时候，对方会在心底里泛起："好像电话里的人比我更重要，为什么他会讲那么久。"所以，销售人员在拜访客户时，绝不能接电话。如果打电话的是重要人物，也要在接通后简单寒暄几句后迅速挂断，会谈结束后再打过去。

3. 把"我"换成"咱们"或"我们"

对于销售人员来说，当你在说"我们"时会给对方一种心理暗示：你和客户是在一起的，是站在客户的角度想问题。虽然只比"我"多了一个字，但却多了几分亲近。北方的销售人员在南方工作就有些优势，因为北方人喜欢说"咱们"，南方人习惯说"我"。

4. 随身携带一个记事本

拜访的时候，不仅要随手记下时间地点和客户的姓名头衔，还要记下客户的需求、答应客户要办的事情、下次拜访的时间，也包括自己的工作总结和体会，对销售人员来说绝对是一个好的工作习惯。同时，当你虔诚地一边做笔记一边听客户说话时，不仅能鼓励客户更多地说出他的需求，还会让客户体会到一种被尊重的感觉，接下来的销售工作就顺利多了。

5. 保持相同的谈话方式

很多销售新手一般都思路敏捷、口若悬河，说话不分对象，像开机关枪般快节奏，可是如果客户年龄比较大，思路就会跟不上，根本不知道你在说什么，容易引起客户反感。因此，最好保持和客户相同的谈话方式，把握好语调、语速等。

第四章

用开场白解除客户的心理防线

销售人员与顾客交谈之前，需要适当的开场白。开场白的好坏，几乎可以决定这一次访问的成败，换言之，好的开场就是销售人员成功的一半！

“你说得不错”—— 用顺从来引发客户的同理心

作为一名整天和顾客打交道的销售人员，每天都要面对形形色色的客户，并要和他们进行沟通交谈。聪明的销售人员总会沿着顾客的思路说话，让自己和顾客之间的谈话变得轻松起来。如果总是跟客户的想法对着干，肯定说不了几句，就会把自己和对方的关系弄僵，结果是顾客转身走人，你的生意也就跟着泡汤了。

生意失败，这是任何一个销售人员都不想看到的结果，因为你之所以如此努力，最终的目的都是为了顾客和你成交。在一家汽车专卖店里，出现过这样一种情景：

客户：“这款汽车看起来很不错，真像个大甲壳虫。”

销售人员甲：“天呐，先生，您怎么会把这么漂亮的汽车想象成又臭又脏的甲壳虫呢？您见过有人开着一辆甲壳虫去上班或是回家吗？您知道吗，这款汽车被称为‘斑马轿车’，先生，要不要我带您试一下？”

客户：“我小时候被马摔过，你要一提马，我心里就有点担心！我不喜欢斑马，只喜欢甲壳虫。”

销售人员甲：“不不，你真的搞错了，先生。无论是从性能上，还是外形上，我们这款汽车都是一款‘斑马汽车’，怎么看都不像您喜欢的那种甲壳虫。”

客户："好吧，那我去别的展厅看看吧！"

客户走了很久，销售人员甲还在心里嘀咕，这位客户可真够固执的，明明是一款漂亮的"斑马轿车"，却非要说成是一只大甲壳虫，这分明是风马牛不相及的事情嘛。

两个小时以后，这位顾客在销售人员乙手上买下了一辆轿车，是和销售人员甲那儿看到的同一款汽车。对于同一个顾客的想法，销售人员乙采取了和甲截然不同的应对方式：

客户："这款汽车不错啊，真像个大甲壳虫。小伙子，你觉得像吗？"

销售人员乙："噢，先生，您喜欢甲壳虫吗？"

客户："喜欢啊，我觉得那些小东西很可爱。"

销售人员乙："那太好了，您看这款汽车，虽然被业界称为'斑马轿车'，但是我跟您的感觉一样，一直觉得它更像一只漂亮的大甲壳虫。"

客户："我要是开着它去上班，你觉得怎么样？"

销售人员乙："那就太棒了，开着一只大甲壳虫一样的汽车，让人感觉很神奇。"

客户："什么价位？我想我需要这么一辆车。"

同样的客户，同样的产品，销售人员乙就成功了，而销售人员甲却没能够留住客户。之所以会出现截然不同的结果，就是因为销售人员乙懂得沿着客户的思路说话。沿着客户的思路说下去，用客户的思路打开客户的购买欲望，这是一个优秀的销售人员应该具备的能力。

很多客户都喜欢按照自己的想法思考问题，比如把"斑马轿车"想象成大甲壳虫的客户。如果顾客的想法不是否定你的产品，而是自己的一种观点和看法，完全可以试着让自己顺着他的思路谈下去，这样可以拉近你和顾客之间的关系，销售也就事半功倍了。

爱抚宠物，最基本的方法就是顺着它的毛轻抚。每当主人做这个动作时，猫就会眯起眼，并发出满足的叫声；狗就会快乐地摇起尾巴，甚至回过身来舔你的手和脸。但如果逆着毛摸，宠物就会感觉不舒服；即使不咬你、抓你，也会不高兴地跑开。

其实，人也喜欢别人顺着“毛”摸。如果你能这么做，必然会拥有良好的人际关系，而且能让别人受到你的影响。客户的“毛”就是性情、脾气、观念，销售人员如果能顺着客户的脾气和他交往，不去违抗他，就会免去很多不必要的纷争。

1. 应和顾客的胃口和感觉

顺着客户的思路说话，并不是一味地去迎合、讨好客户，而是要尽可能地应和顾客的胃口和感觉，让顾客感觉舒服，从心理上接受你的建议。

如果向顾客推荐一款冰箱，而且对方也喜欢，但是在准备下订单的时候，顾客却突然说：“我必须回家跟妻子商量一下，再做决定。”这时，千万不要强求顾客非买不可，可以真诚地说：“是呀，买冰箱毕竟不像买白菜萝卜那样简单，的确需要跟家人商量一下。不过，我相信您的妻子肯定也喜欢我们产品，因为我们的产品的质量和信誉是有口皆碑的。这样吧，您用我们公司的电话给您妻子打个电话，征求一下她的意见。”

在这种情况下，客户看你想得如此周到，而且说话相当真诚，一般情况下是不会真的打电话给妻子的，而是直接跟你签单，这就是顺着客户思路说下去的魅力和功效。

2. 顺着客户的思路不断延伸

顺着客户的思路走的另一种情况，就是顺着客户的思路进行延伸。比如，上面那位买冰箱的客户，想跟妻子商量一下，如果销售人员立刻说：“跟妻子商量是非常应该的事情……”但是话锋一转，又告诉顾客：“你的妻子肯定也是有眼光的人，肯定也喜欢这款冰箱……”这也是对顾客的一种肯定和赞美，这样就把客户的购买行动又向前推进了一步。这个时候，客户就会痛快地埋单！

“摆张苦瓜脸，谁吃你那套”—— 微笑也是一种秘密武器

微笑是人和人交往最通用的语言，在销售人员和客户的交往过程中，微笑起着重要的沟通作用。作为一名销售人员，不要把聪明挂在脸上，而要把微笑挂在脸上！

世界上伟大的销售人员乔·吉拉德曾说：“当你笑时，整个世界都在笑；一脸苦瓜相，没有人理你。”由此可见，微笑对销售人员的巨大作用。微笑是一种直通人心的世界语言，不仅能深深地打动每一颗冷漠的心灵，还能创造出无数的奇迹！

乐观是恐惧的杀手，而一个微笑能穿过最厚的皮肤。每一个客户的心中都有一个微笑，销售人员要发自内心地把它引出来。因此，作为一名销售人员，必须在生活中有意识地去练习微笑。尤其是在拜访客户的时候，更应该养成微笑的习惯。

销售人员的微笑能让对方产生一种亲切感，进而产生好感，每每这时，彼此之间的沟通便会变得顺其自然了。如果你的微笑已经炼到炉火纯青的地步，即使遇到了刁钻的客户，笑容也能自然而然地流露出来！

微笑是热情和自信的人必不可少的一个有力工具，是给对方留下亲切、友善的好印象的第一策略。当你微笑时，表明你是友好的、热情的和

坦率的。微笑无须成本，但它却可以创造出许多价值。可是，只有在恰当的时间、恰当的场合，才能让微笑创造奇迹，因此，作为销售人员，若想更加快速地推销自己，不妨学习一下微笑的技巧：

1. 用整个脸去微笑

在很多人的印象之中，微笑便是嘴角上扬，殊不知，真正的微笑会带动整个脸部，而不仅仅只有嘴唇而已。换句话说，一个成功的微笑包括了整个脸部，唯有这种微笑，才能让客户受到感染，否则就会变成难看的皮笑肉不笑。

2. 将眉头舒展开来

俗语有云："眉笑颜开"这说明，一个好的微笑离不开眉。其实，当我们因某件事而开心时，眉头自然会舒展开来，如果想在面对客户时做到这一点，必须经过一段时间的练习。可以每天抽出 15 分钟的时间，来练习自己的微笑；或者在进入一间办公室、一个房间、一个会议室或下一个场合之前，先想一些微笑的理由，可以让眉头舒展开来。

3. 大声笑出声

如果微笑具有感染力，那么发自内心的大笑便更具感染力！要知道，大笑是最容易传染的，就像我们去电影院看戏剧那样，只要观众中有一个在大笑，紧接着便会听见另一个人也在大笑。有感染力的大笑往往能将自己逐渐推向成功！

4. 不妨加一点幽默

每个人都具有幽默感，只不过有的人多一些，有的人少一些而已。当然，这里的幽默感绝不是指那种低俗的笑话，更不是寻找别人开心的恶作剧，而是有趣且有益的语言。

一直以来，幽默感一直都是一个人既得的润滑剂，对于销售人员来说，其就是消除你与客户之间陌生感的良方。不仅如此，幽默还能够提升你的工作热情。

“您真幽默”—— 掌握不可缺少的幽默艺术

幽默感是销售人员应该具备的一种有趣、可笑而意味深长的素养，销售人员应努力使自己的言行变得风趣、幽默，要让客户觉得因为有了你而兴奋、活泼，使人们从你身上得到启发和鼓励。

事实证明，幽默的销售人员总能让工作在愉快中顺利进行。幽默的沟通不但可以拉近人与人之间的距离，还能提高销售工作成功的概率。更重要的是，那种不失时机又意味深长的幽默是使顾客放心放松的最有效方法。

下面这个案例中的销售人员，就是在紧急时刻恰到好处地运用幽默来使自己避免了尴尬：

> 一名房地产经纪人领着一对夫妇向一栋新楼房走去，他想向这对夫妇销售新房。
>
> 为了销售这套房子，一路上，经纪人一直都在喋喋不休地夸耀这栋房子和这个居民区：“瞧这个地方多好！空气洁净，遍地鲜花绿草，这儿的居民从来都不知道什么是疾病与死亡。谁也舍不得离开这里。”
>
> 这时，他们突然看见一户人家正在忙碌地搬家。经纪人立刻说：“你们看，这位可怜的人，他是这儿的医生，因为很久一段时间没有病人光顾，不得不搬到别处谋生了！”

幽默的人走到哪里就会将笑声带到哪里，如果你是一个幽默的销售人员，那么在整个交易过程中，将会给客户带来很多快乐，使客户备感轻松。所以，在销售过程中，完全可以在适当的时机来点小幽默，缓和与客户之间对立的气氛，达到彼此合作的目的。

幽默语言是一种特殊的语言艺术，是人们适应环境的工具，是人类面临困境时减轻精神和心理压力的方法之一。俄国文学家契诃夫曾经说过："不懂得开玩笑的人，是没有希望的人。"可见，在销售过程中，每个销售人员都应当学会幽默，也应该为别人带来幽默快乐。

幽默可以淡化人的消极情绪，消除沮丧与痛苦，为别人带来欢乐。那么，怎样培养幽默感呢？

1. 扩大知识面

幽默是一种智慧的表现，必须建立在丰富知识的基础上。一个人只有具有了广博的知识，才能做到谈资丰富，妙言成趣，从而做出恰当的比喻。因此，要培养幽默感必须广泛涉猎，充实自我，不断从浩如烟海的书籍中收集幽默的浪花，从名人趣事的精华中撷取幽默的宝石。

2. 乐观对待现实

幽默是一种宽容精神的体现，要善于体谅他人。要想学会幽默，就要雍容大度一些，乐观一些。乐观与幽默是一对亲密的朋友，在销售工作中，销售人员要多一点趣味和轻松，多一点笑容和游戏，多一份乐观与幽默；要多站在客户的立场去考虑问题、思考对方的需求和欲望，慢慢地培养出幽默感。

3. 锻炼观察事物的能力

培养观察事物的能力，是提高幽默的一个重要方面。只有迅速地捕捉事物的本质，学会使用恰当的比喻、诙谐的语言，才能使客户产生轻松的感觉。

4. 幽默中的注意事项

销售人员的幽默不是为了幽默而幽默，所说的故事、所讲的笑话、所表述的语言都应该有的放矢，如此才能吸引顾客，让顾客对你推销的产品感兴趣，对你的服务感到满意。但是，在运用幽默时，还要注意以下几点：

(1) 不要过度

在销售中，适当讲一些小笑话能迅速降低客户对你的敌意，促使销售成功。但千万不要过度，如果掌握不好分寸，会给客户留下轻浮、不可靠的印象。

(2) 不拿私人问题说笑

可以对一些紧急出现的尴尬场面进行调侃幽默，但不要拿客户的一些私人问题说笑，以免引起对方的不快，使客户觉得你不尊重他；而且，一定要做到措辞明了，不要引起误解。

(3) 幽默时要保持微笑

在和客户幽默的过程中，销售人员一定要保持微笑，否则幽默很可能被误认为是讽刺。其实，销售人员的微笑就是在告诉客户，他此刻说的话是为了让客户高兴起来。有些销售人员在开玩笑的时候一本正经，本来很有趣、很有意思的玩笑，也会变成极有讽刺意味的话，如此只会破坏销售人员和客户之间的关系。

(4) 幽默不应冲淡谈话主题

销售人员和客户交谈的主题只有一个：达成交易。有些销售人员相当幽默，开玩笑的手法也相当高明，但是一开起玩笑来，就会将客户的思路越拉越远，最后冲淡了谈话的主题，使得交易失败。所以，销售人员一定要注意避免犯这样的错误。

(5) 不同客户区别对待

在打算轻松幽默一番之前，最好先对客户是否喜欢幽默进行一定的分析，一定要确信不会激怒对方。如果遇上了一本正经、喜欢直截了当的客户，就不要故作幽默了。

（6）分场合

幽默要分场合，如果是在比较严肃的会议中或是商谈比较重要的事情，就不宜幽默了，以免造成冷场和尴尬。

“我相信，一定会好起来的”——乐观在销售中不可或缺

乐观在很多时候就是快乐的代名词，因为乐观的人更善于发现工作和生活中的真善美，开放自己的心胸，让自己活得开心快乐。销售本身就是一种信心的传递和信念的转移，快乐具备一种强大的传播力、吸引力和影响力，因此，对于销售人员来说，乐观必不可少！

有这样一个故事：

一位秀才已经连续两次赶考了，这是他第三次进京赶考。秀才住在一个经常住的店里，考试前两天他做了三个梦：第一个梦是自己在墙上种白菜；第二个梦是下雨天，他戴了斗笠还打伞；第三个梦是跟心爱的表妹脱光了衣服躺在一起，但是背靠着背。

这三个梦似乎有些深意，第二天一早起来，秀才就急忙到街上去找算命先生解梦。算命先生听完之后，连拍大腿说：“你还是回家吧！你想想，高墙上种菜不是白费劲吗？戴斗笠打雨伞不是多此一举吗？跟表妹都脱光了躺在一张床上了，却背靠背，不是没戏吗？”

秀才听完，心灰意懒，回店收拾包袱准备回家。店老板看到他，感到非常奇怪，问：“不是明天才考试吗，今天怎么就打算回乡了？”秀才将自己做梦以及解梦的事告诉了店老板。

店老板乐了：“我也会解梦。我倒觉得，你这次一定要留下来。你想想，墙上种菜不是“高种”吗？戴斗笠打伞不是说明你这次有备无患吗？跟你表妹脱光了衣服背靠背躺在床上，不是说明你翻身的时

候就要到了吗?”秀才觉得店老板说的更有道理，于是便振作精神参加考试，居然中了个探花。

这则故事告诉我们：很多时候我们不是输给了竞争对手，而是输给了自己。在和客户交往的过程中，你提供的方案（产品/服务）和综合实力不是没有赢的希望，而是由于悲观的心态自己把自己否定了，白白错失了销售机会。

销售人员的心态是否乐观，对其业绩有决定性的影响。如果你给自己设定的本月销售任务是100万元，快到月底了你完成了60万元。乐观的销售人员会认为已经成功了一多半，决定要更加努力绝不放弃，并改进工作计划，积极去执行；而悲观的销售人员则会“尽人事而听天命”，缺少执行的毅力和面对竞争的勇气，结果只能放弃任务，更加悲观。

乐观的销售人员能够使顾客购买产品或服务、享受产品本身带来利益的同时获得一种快乐的消费体验，使得客户更容易跟你交往和敞开心扉。那么如何培养乐观的心态呢？可以从以下几方面做起。

1. 辩证地看待问题

销售人员在成长之路上，要面对很多激烈竞争、市场问题，只有在一点点积累经验，一次次的被客户否定中不断摸索找到新的方法才能成长起来。任何事物都有正反两面，看到困难问题的同时也要看到机会，因为事物的发展规律就是波浪式前进、螺旋式上升的，因此，为了培养自己的乐观心态，首先就要学会辩证地看待问题。

2. 发现事物发展的规律

销售人员的乐观必须建立在对销售流程和成交规律的认识上，要把握一个度：过于乐观会使人犯类似于“大跃进”的错误，对自己期望过高，从而备受挫折。要想提高营销效果，就要善于总结失败的教训，掌握成交的方法，不能以无所谓的态度从失败走向失败。

3. 与乐观者为伍

如果你身边的朋友都是乐观的，他们肯定会影响你；相反，消极的话听多了，必然会导致自己没有信心。如果很多人都说，你家的产品用不住，客户定然会重新考虑你的去留。因此，在培养乐观品质的过程中，就要多和乐观的人交朋友。

4. 积极的自我暗示

自我暗示是有非常大的作用的，就如小品《卖拐》里的范厨师被忽悠一样。你完全可以对着镜子对自己说："我是最棒的!""我一定会成功!"还可以多看一些喜剧电影、听欢快的歌、做自己喜欢的事等。

"您以后使用马达时注意一下"—— 消除客户的警戒心

成功的销售人员一般都是深谙读心术的人，他们会将客户的心思摸得清清楚楚，包括和客户的商谈技巧。他们能够通过对客户心理活动的了解来针对性地下药，努力消除客户的警戒之心。

一天，一位购买马达的顾客到公司来投诉，销售人员老马接待了他。顾客说："你们这的马达也太烫了点吧，连碰都不能碰一下，看看吧，我的手都被烫红了!"老马给对方倒了茶，好言相劝，最后便跟着这位顾客来到了他的工厂，一探究竟。

看过之后，老马说："既然这样，我们就不能求您继续再订购我们公司的产品了，您应该选购一些符合质量监督局所定的热度标准的马达，以免给您造成身体和财产的损失!"

客户："对!"

老马："根据质量监督局的标准，马达的温度可高过室温华氏72

度。是这样吧？”

客户：“是！”

客户：“那您的工厂的室温是多少？”

客户：“华氏75度左右吧！”

客户：“75度加上72度等于147度（63.9℃）！您看，这么高温度的水，手放进去，超人也会烫伤的，对不对？”

客户：“是！”

客户：“好啦，请您以后使用马达时注意一下，千万不要用手直接去碰触马达，否则难免会烫伤您。您看我说得对吗？”

客户：“对！”

案例中，顾客在老马有理有据、“步步逼近”的策略下不断地说“对”“是”，最终决定仍然继续订购他们公司的产品。

心理专家认为：人在说“不”以表达拒绝时，全身的肌肉、神经、内分泌腺都会感觉到紧张，态度自然会变得僵硬起来。但是，在说“对”“是”的时候，身体机能和心理反应却是放松的，一方面会积极地接受外界事物，另一方面心情也会变得好起来。要想打破客户的心理防线，消除客户警戒心，销售人员最好诱导客户说“对”“是”！

如果和客户傻乎乎地说“你不必对我有戒心”“我所说的绝对错不了”，不仅无法达到缓解客户戒备心的目的，很可能还会起到反作用。当客户的深层心理已经被你无情地揭露出来时，为了有效应对你“赤裸裸的挑战”，防止被你再次突破，他们只会在自己的心理障壁上再加厚一些！

其实，所谓客户的心理防线就是对陌生人的不信任感，那么销售人员应该使用什么销售技巧来破除客户的这道防线呢？就要根据不同的客户，采用不同的策略。

1. 唯唯诺诺的客户 —— 干脆问他："为什么今天不买"

这类客户对任何事都同意，不论销售人员说什么都点头说"是"。即使销售人员作了可疑的介绍，他们也会欣然同意。其实，在心里他们早已决定不买了，仅仅是为了提早结束销售人员的介绍，才会不断地表示同意。

他们认为，只要随便点头，附和声"对"，销售人员便会死心而不再推销。对于此类说"是"的客户，就要干脆问他："为什么今天不买?"客户一旦发现自己的心理已经被销售人员看穿，就会感到惊异，失去辩解的余地，说出真心话，这样就可以因地制宜地对其实施进攻了。

2. 硬装内行型客户 —— 不要打断他，要任由他说

有些客户认为，自己对商品的了解比销售人员多得多。他们喜欢故装内行，有意操纵对商品的介绍，当销售人员在给他们做介绍的时候，他们会说"我很了解这类产品"或"我常参与贵公司的工作"等一些令销售人员发慌或不愉快的话。

此类客户不希望销售人员占优势或强过他，不想在周围人面前不显眼。一旦发现面前的销售人员很优秀，就会建立一套"我知道"的防御措施来保护自己。

如果客户开始详说商品的情况，销售人员则不要打断他，要任由他说。同时，还要假装有意地从他的话中学习些什么或频频地点头表示同意，如此，客户会很得意地继续说明。此时，你可以附和着说："不错，你对这款商品的优点已经很了解了，打算什么时候购买呢?"抓住推销的时机，往往会事半功倍!

3. 金牛型客户 —— 附和他，适当地称赞他

有些客户渴望说明自己很有钱，且过去有许多成就，这类人就是人们常说的"金牛型客户"。他们会说自己与哪些名人有来往，并夸口说："只要我愿意，买10件也不成问题。”

其实，此类客户可能满身债务，但表面上仍要过豪华的生活。只要不让他立即交钱，他很有可能在销售人员的劝说下，冲动地购买。

对于这一类顾客，应附和他，适当地称赞他，打听其成功的秘诀；要尊敬他，并表示有意成为朋友。在签订购买协议时，最好询问一下他需要几天调拨采购用的那部分资金。这样，既给了他筹措资金的余地，又顾全了他的面子。

4. 完全胆怯型客户 —— 细心观察他的言行举止

此类客户很神经质，害怕销售人员，经常左顾右盼，像是在寻找什么，无法安静地停在一个地方。他们经常会摆弄台上的宣传册或其他东西，不敢与销售人员对视。如果有销售人员在场，此类客户就会认为自己被迫陷入了痛苦的提问中，会感到惊慌失措。

销售人员要亲切、慎重地对待这类客户，不仅要细心观察他的言行举止，还要对发现的优点表示称赞。应该多与他们接触，寻找自己与他们在生活上的共同点，解除他们的紧张感。

5. 稳静思索型客户 —— 不自卑，要将自己看成专家

购买商品的时候，尤其是大件商品的时候，有些客户会稳坐在椅子上思索，不停地抽烟或远望窗外，可是却一句话不说。他会以怀疑的眼光凝视一处，显出不耐烦的表情，很多销售人员都会因对方的沉默而备感压迫。

其实，他们是真正思考的人。此类型客户以知识分子居多，对于商品市场行情有所了解。他们细心，动作安稳，发言不会出差错，属于理智型购买者。

对此类客户进行销售时，应该有礼貌、诚实、积极一点，但不要疏忽大意，可以从他们言语的微细处看出他们在想什么。可以采取柔软且保守

的推销方式，但关于公司的政策，应该详细地说明。对于此类客户，销售人员绝不可有自卑感，要将自己看成是专家，既然对自己的商品了解透彻，就应该自信。

6. 冷淡型客户 —— 设法让他们情不自禁地想买商品

冷淡型客户通常都会采取自己买不买都无所谓的姿态，似乎完全不介意商品的优异与否或自己喜欢与否。其表情与其说不关心销售人员，不如说是不耐烦、不懂礼貌、不易亲近。

他们不喜欢销售人员施加压力或推销，而喜欢自己实际调查，讨厌销售人员介绍商品的行动。

此类客户分为两种：一种喜欢宁静；另一种喜欢热闹。喜欢在有利于自己的时候，按自己的想法做事。此类客户虽然好像什么都不在乎似的，其实对于很细微的信息也关心。对于此类客户，不要做简单的商品介绍，必须设法让他们情不自禁地想买商品。因此，销售人员必须勾起客户的好奇心，使他对商品产生兴趣。

7. “只是看看而已”的客户 —— 在价格上给予优待

有些客户一看到销售人员就会说“今天不买”“我只是看看”等。在进入店门之前，他早就准备好了提问什么及怎样回答。他会轻松地与销售人员谈话，因为他认为已经完成了心理上的准备。

这种人可能是所有客户中最容易推销的对象。他们虽然采取否定的态度，却很明白，若此种否定的态度一旦崩溃，即不知所措；他们对销售人员的抵抗力很弱，对条件好的交易不会抵抗，因此，只要在价格上给予优待，就可以成交。

8. 好奇心强的客户 —— 做好商品介绍

有些客户没有关于购买的任何障碍，他们只想把商品的情报带回去。只要时间允许，他们更愿意听商品的介绍。他们态度谦恭而有礼貌，如果你开始说明了，他们会积极发问，而且提问得很恰当。

此类客户只要喜欢所看到的商品，一旦激起了购买欲，便会付诸行动。他们是因一时冲动而购买的典型，只要有了动机，对销售人员和商店气氛有了好感，就毫不犹豫地购买。

对于这类客户，销售人员应做好商品介绍。可以说："现在正是优惠时期，故能以特别便宜的价格买到。"对于此类客户，必须让他觉得这是个"难得的机会"。

9. 人品好的客户 —— 以绅士的态度显示自己在专业方面的能力

此类客户谦恭有礼并且素质高尚，对于销售人员不仅没有偏见甚至表示敬意，有时会贴心地说："销售人员的确是辛苦啊！"他们经常说真心话，并会认真倾听销售人员的话，但是不会理睬强制推销的销售人员，不喜欢特别对待。

如果碰到此类客户，一定要认真接待。销售人员应以绅士的态度显示自己在专业方面的能力，有条理地做些商品介绍。但是，不能过分，不要给对方施加压力或强迫对方。

10. 粗野且疑心重的客户 —— 态度亲切，不能与他们争论

有些客户会气冲冲地进入卖场，该类客户的行为似乎在指责一切问题都是由销售人员引起的，因此买卖双方的关系很容易恶化。他完全不相信销售人员的介绍，对于商品的疑心也很重。不仅销售人员，任何人都不容易应付他。

此类客户一般都有着私人的烦恼，如家庭生活、工作或经济问题。因此，想找个人发泄，而销售人员很容易被选中，他们会寻找与销售人员争论的机会。

对待这类顾客，首先要态度亲切，不能与他们争论，不要提及让对方构成压力的话题，否则，会使他们更加急躁。销售人员介绍商品时，应轻

声、有礼貌、慢慢地说明，且留心对方的表情；要适时地问他们是否需要帮助，让他们觉得你可以成为他们的朋友，等到他们镇静之后，再慢慢地以传统方式介绍商品。

实用操作工具

要接近客户，如何攻破客户的心理防线

所谓客户的心理防线，其实就是客户对陌生人的不信任感。因此，攻破客户的心理防线对成交来说显得尤其重要。那么，销售人员该如何攻破客户的心理防线呢？

1. 运用“亲近推销”降服客户

很多优秀的销售高手之所以能够比别人拿到更多的订单，主要就是因为他们能够和客户建立一种信任和亲切的关系，他们会通过语言和姿势来反映与客户相同的体验、观察和行为，即“亲近推销”。

亲近推销是一种暗示手段，可以告诉客户：我和您一样，我们意气相投，您可以对我深信不疑。最简单的亲近方式是“描述法”，销售人员可以准确地将客户的某些真实体验描述出来，比如：“前几天热得要命，对吧？”“您说您将要毕业了，是吗？”

这些话有助于销售人员和客户之间建立一种亲近关系，产生潜意识的共鸣。尽管这些亲近语言有时难免是废话，但只要真实可信，就能产生效果。

2. 和你的客户拉拉家常

和客户拉家常，可以在极短的时间内拉近客户和销售人员之间的距离，使彼此之间由陌生人变成朋友。这就等于攻克了客户的第一道心理防线——信任。

很多情况下，在与客户交谈时，不妨先拉拉家常，让客户了解你的背景和生活环境，以减轻其防卫心理，使彼此的交谈气氛更为融洽。也可以从对方的谈话中捕捉到对你推销有利的资讯，让客户对你产生信任。

3. 阻止客户“再做考虑”的打算

推销洽谈过程中，销售人员经常会碰到这种情况：“让我再考虑一下，过后给您答复！”最后，客户很可能也没有答复，或过几天你打电话确认时，客户却告诉你很抱歉，已选用别家的产品了。如何应对这种情况呢？当客户表示“再做考虑”时，销售人员应做到以下两点：

（1）礼貌地询问客户还要考虑什么

必须诚恳地询问客户，是否还有什么担心或不满意的地方。客户最后的考虑点可能就是他不买产品的原因，因此，一定要搞清楚。

（2）与客户共同解决问题

探询出客户的问题后，要针对问题点与客户共同解决，这样你就能与客户站在同一条船上，之后想办法将问题解决掉，拿到订单。

4. 千万别对客户的异议有所顾虑

如果销售人员对客户的异议有所顾虑，就很难攻破客户的心理防线从而拿到订单了。销售人员在面对客户异议时，必须产生一种敏锐的反应，但前提是要控制好自己的感情。要应用心理战术，判断出客户的类型、个性、喜好等个人因素，然后再选择最恰当的推销战术。

第五章
灵活使用销售话术增强说服力

销售是一种语言艺术！其实，过人的销售技巧就是过人的语言艺术，不仅要有洞悉人心的敏锐，也要有动摇客户心旌的表达能力。成功的销售人员往往能口吐莲花，他们的语言就像一双柔软的手，能抚摸客户心灵最柔软的地方。要想成为一名出色的销售人员，掌握一些推销技巧是必不可少的！

“是的”—— 对顾客的话题表示认同

顾客讲的不一定是对的，可是只要他是对的，你就要开始认同他，多说一些“是的”。顾客的情绪是完全有理由的，理应得到极大的重视和最迅速、合理的解决，所以要让顾客知道你非常理解他的心情。

客户疑义是销售的开端！任何客户一开始总是半信半疑，所以要从客户的疑义开始，熟练运用销售技巧，把相关知识与标准等相关信息告知客户，让客户不断地认同你。同时，销售人员也要不断地认同客户，让客户参与讨论。

不管顾客在谈什么，都要表现出你也有同感的态度。听到顾客在谈他充满喜悦的经历时，就要跟他一起高兴；若说的是他的伤心事，也要为他感到悲伤。让顾客觉得你就是他的“知音”，使他对你产生好感。

肯定认同是建立信赖感、达成交易的桥梁，记住以下三点，能够帮助你更好地与客户达成合作。

1. 客户永远是对的

所谓“客户永远是对的”就是，客户说出的话都是有目的和原因的，站在客户的立场，从客户的出发点来看是对的。沟通的最后目的是要达成双方一致，在销售过程中不是要赢得战争而是要达成交易。

人类行为学家告诉我们：在这个世界上你如何对别人，别人就会如何对你，你肯定认同别人，别人就比较容易认同你。假如你反对别人，顾客也自然反对你。所以，要善于用肯定认同技巧。

2. 不要轻易否定客户

顶尖的销售人员告诉我们，在沟通过程中，最好不要轻易地否定客户的看法；即便对方是在吹毛求疵，你也要让他把话讲完，并且认可他，让他感觉你是他的知己，让他喜欢你、信赖你。这样，才容易说服对方，至少不会给人留下强词夺理的感觉。

面对挑剔的客户时，最好先静静地听他说话。等他说完之后，在认同他的意见的基础上，再表达你的高见，如此才比较容易得到你想要的结果。

3. 记住 8 个黄金句子

对别人表示肯定认同的过程中常用的 8 个黄金句子如下：

- 你这个问题问的很好；
- 你讲得很有道理；
- 我理解你的心情；
- 我了解你的意思；
- 我认同你的观点；
- 我尊重你的想法；
- 感谢你的意见和建议；
- 我知道你这样做是为我好！

“这么大岁数了，身体还真硬朗”—— 给客户多一些赞美

世界上最华丽的语言就是对他人的赞美，适度的赞美不但可以拉近人与人之间的距离，更能够打开一个人的心扉。虽然这个世界上到处都充满了矫饰奉承和浮华过誉的赞美，但是客户一般都非常愿意得到销售人员发

自内心的肯定和赞美。

李婷是一家药房的工作人员，非常懂得赞美客户之道。当看见有客户走进药房时，李婷会马上起身迎接，面带微笑与客户打招呼："您好！"客户见到李婷热情地向他打招呼，自然会有一种备受尊重的愉悦感。

此外，李婷还不忘将赞美和做生意结合起来。一次，一个客户来到药房说："给我开点感冒药。"李婷并没有见客人不懂而瞎推荐一些贵的，而是关心地问："您感冒挺严重的，具体哪儿不舒服？"客户回答说："嗓子疼，头也疼。"李婷继续关心地说："想必您平时工作挺辛苦吧？像您这种情况服用感冒药会伤身体，给我说一下症状，我给你开些药，调理一下。"

客户对其产生了信任感，问应该怎么办？于是，李婷就向客户推荐维生素或蜂王乳等营养剂："任何药都会对人体有副作用，而且吃了药以后难免还会感冒。不如服用营养剂提高身体的免疫力，这样感冒不但好得快，而且以后也不容易犯，工作也不会受影响。"

在与客户交流病情的过程中，李婷还不时地说出赞美性的话语："你平时保养得真不错，你看上去要比实际年龄年轻好几岁"或者"这么大岁数了，身体还真硬朗"。这些话让每个客户都感到舒坦而又温馨。

其实，我们都知道营养剂的价钱要比药品高出许多倍，如果直接向病人推荐服用，病人会认为你肯定是想赚他的钱，从而产生抗拒心理；但是赞美性的话语却能让病人忘记销售行为背后的意图，觉得工作人员是跟自己站在一边的，是真正为了病人着想的，这样再给病人提出建议，他们定然会欣然接受，不会考虑价钱的问题。

从人的心理本质上来看，被别人承认是人的一种本质的心理需求。作为一名销售人员，能否站在客户的角度上思考问题是衡量一名销售人员是否成功的关键。既然客户需要赞美，我们又何必吝啬自己的语言呢?

1. 寻找一个可以赞美的点

赞美顾客是需要理由的，销售人员不可能凭空地制造一个点来赞美一个顾客，这个点一定是你能够赞美的点：要有一个充分的理由。这样的赞美，顾客才更加容易接受，才能从内心深处感受到你的真诚，即使这是一个美丽的谎言，顾客也会非常喜欢。

2. 赞美的点必须是顾客所具备的

要发现顾客身上所具备的优点和长处。因为，优点和长处是销售人员可大加赞美的地方。顾客的优点可以从多个方面来寻找，例如，顾客的事业、长相、举止、语言、家庭等。当然，这个赞美的点要是顾客的优点，只有赞美优点才能够让顾客感受到你是在赞美他；如果不加判断地赞美了顾客的一个缺点，你的赞美只能起到反作用。

3. 这个赞美点对于顾客是一个事实

顾客的优点要是一个不争的事实，对于事实的赞美和陈述是销售人员对事物的基本判断，如此才会让顾客感觉到，你的赞美没有带有任何过度的地方，接受起来也更加心安理得。

4. 用自己的语言表达出来

对顾客的赞美要通过组织后的语言，以一种自然而然的方式自然地表达出来。如果用非常华丽的辞藻来说明一个生活中和工作中经常遇到的事情，那么他就会认为你是一个太过做作的人，顾客对你的话的信任就会大打折扣。所以，用自然的方式来表达你的赞美，是一种非常不错的表达方式。

5. 在恰当的时候真诚地表达出来

对顾客的赞美要在适当的时机说出来，这样你的赞美才是自然的。同时，对于顾客的赞美可以适当地加入一些调侃的调料，这样更加容易调节气氛，让顾客在心里感觉非常舒服。

“这人说话真啰唆”—— 谈话要明了易懂

交谈中，如果说话啰唆，概念模糊，会严重影响交涉。所以，在和客户交谈的过程中要注意措辞，要用简练的语言将自己的意思表达出来，让客户听清楚。

简洁明晰地表达出自己的观点是一个优秀的销售人员必须具备的素质。销售人员应尽可能地用最清晰、简明的语言使客户获得想要知道的相关信息，因此，锻炼和培养良好的语言组织和表达能力对一个销售人员来说至关重要。那么，应该怎样将观点简洁明晰地表达出来呢?

1. 表达必要的信息

表达必要的信息，使用相应的简练词句，没有多余的信息。有些人讲话滔滔不绝，其实絮絮叨叨，繁复冗长，这是一种令人生厌的恶习，应去之为快。

销售人员在和客户沟通时，如果口若悬河、滔滔不绝，不是离题千里，就是漫无目的，不仅不能把自己的意图表达明白，还会造成沟通的失败。让客户明白你的意图是沟通成功的关键，销售人员要抱着真诚的态度，尊重每一个人的习惯。

2. 不要重复

很多时候，啰唆一堆不如精炼一句，语言在精不在多，这是语言沟通的中心观点。口才最差的销售人员可能就是喋喋不休的人，但是他可能自己认为自己很棒。

如果想要真正地令自己的话说得高效，就必须言简意赅，如此才能让客户很快明白你所说的意思。和客户沟通的时候，语言表达应措辞精炼，思路清晰，不说套话、空话与口头禅。切忌被客户说出“这人真啰唆”这样的话。

3. 正确使用词语

语言表达的简洁，就是话语力求简练，不能啰唆重复，不要说多余的话，它反映了量的要求；明晰，就是要把意思表达清楚，使对方准确理解其含义，含有效果方面的要求。简洁明晰的语言表达，就是以最少的语言传递最多的信息，突出重点地宣传、销售产品。

销售人员要对产品相当熟悉，并且有良好的语言表达能力。要正确使用词语，表达明确，最好不要使用那些令人费解的词语，防止误解，避免歧义。说话不要吞吞吐吐，更不能说一些似是而非的话，要一是一、二是二地把要表达的意思说清楚。

4. 有效沟通要点

简洁明晰的表达观点可以使客户获得产品的准确信息，销售人员在与客户洽谈沟通时要记住以下几个要点：

- 言语简短；
- 充分了解你的产品；
- 抓住所要表达观点的核心；
- 言语表达有条理，分清层次；
- 正确使用词汇，表达明确。

“可以连续使用 6 万个小时而无质量问题”——谈话要具说服力

让数字来说明问题，一方面会让说明更准确，另一方面会使说明更具说服力，让人信服。运用精确具体的数据等信息说明问题，可以增强客户对产品的信赖。

某台灯销售人员：“试验证明，我们公司的产品可以连续使用6万个小时而无质量问题。”

某电器销售人员：“这种品牌的电器在全国25个市级以上地区的销量都已经超过了170万台。”

某儿童食品销售人员：“的确，儿童食品尤其要讲究卫生，我们公司生产的所有儿童食品都经过了12道操作严格的工序。另外，在质量监督机构检查以前，我们公司内部已经进行过6次内部卫生检查。”

事实和数据是客观事物的具体表现，比任何描述和个人感受都更有说服力，同时也能增强自己的信心。

很多销售人员经常会为这样的问题而苦恼：自己已经将产品的基本信息传达给了客户，而且没有一丝虚伪和夸张，可是客户看上去仍然不能完全放心。客户到底在担心什么呢？不要说销售人员难以理解，就连客户自己可能都不太清楚。

面对难以理解的客户质疑，有时，即使销售人员反复强调产品的种种优势都无济于事。这时，销售人员可以考虑运用精确的数据来打消客户的疑虑。和很多沟通技巧一样，使用精确的数据虽然具有十分积极的意义，但是如果使用不当，同样会造成极为不利的后果。为此，在运用精确数据说明问题的时候，销售人员需要注意以下一些主要事项。

1. 保证数据的真实性和准确性

运用精确数据说明问题的目的就是要引起客户的重视并增强客户对产品的信赖，如果使用的数据本身不够真实和准确，就会失去其原本意义。况且，一旦客户发现这些数据是虚假或错误的，他们就有充分的理由认为销售人员及其所代表的企业在欺骗和愚弄消费者。这种印象一经产生，很快就会给销售人员带来极为恶劣的影响。

2. 用影响力较大的人物或事件说明

要想使你列举出的数据给客户留下更为深刻的印象，销售人员可以借助那些影响力较大的人物或事件来加以说明，由此增加客户对你所销售产品的信任度和重视程度。

“××明星从2010年开始就一直使用我们公司的产品，到现在为止，他已经和我们公司建立了5年的良好合作关系。”

“这是某次奥运会的指定产品，仅那次奥运会就使用了87902箱这种产品。”

3. 利用权威机构的证明

权威机构的证明自然更具权威性，其影响力也非同一般。当客户对产品的质量或其他问题存有疑虑时，销售人员可以利用这种方式来打消客户的疑虑。

“本产品经过××协会的严格认证，在经过了连续8个月的调查之后，××协会认为我们公司的产品完全符合国家标准。”

“下午我去找您”—— 多进行面对面的沟通

面对面的交流能带来最真实的感受，是销售人员和客户建立情感的最佳方式。与客户面对面地沟通，很容易打造企业的亲和力，彼此沟通起来要容易得多。这是营销过程中不可缺少的环节，是最具实效意义的营销活动！

与客户面对面的接触是视觉感觉和知觉的综合过程，在这个过程中，销售人员展示的是个人的风采和企业的形象，是企业文化的表露。

与客户的直接沟通和交流通常会涉及三个方面：说什么；如何说；取得别人的理解。

这就是说，沟通和交流的技巧和效果不仅仅取决于销售人员要表述的内容，还取决于销售人员说话的方式、销售人员的外表以及对方对信息的接收。尤其是对于初次见面，最后一点更重要。研究表明，就初次见面给别人的印象而言，55% 来自于别人的理解，7% 来自于销售人员所说的，38% 取决于销售人员所说的方法。

初次见面说什么，是每一个销售人员在与客户交往过程中所面临的首要问题。销售人员与客户第一次见面的形式是多种多样的，或在聚会上，或在客户的办公室等，在这里我们就销售人员上门与客户见面为例，介绍一下与客户面对面沟通的技巧。

1. 认真做好自我介绍

和客户面对面沟通的时候，首先就要做好自我介绍。需要注意的是：

第一，自信是营销成功的关键！做自我介绍时不要怯场，态度要不卑不亢，既要有自信，又要尊重对方。

第二，自我介绍时要介绍自己的全名，不能给自己冠之以先生、女士等称呼，也不能介绍自己的头衔，可以告诉对方自己所从事的职业。如果想让对方了解你的职务情况，便于对方称呼，可以通过递送名片的方式来解决，在自我介绍之后将名片双手递上。

第三，不能只介绍自己的名字，还要向客户提供有用的信息，这样双方就比较容易接续下面的话题，不至于太尴尬。同时，这些信息还可以向客户起到暗示作用，为将来的业务交往作铺垫。例如，“李总，您好！我是 ×× 公司的郭冰，这是我的名片。”简洁明了，表意清晰，给人以干练清新的感觉。

2. 确定适合的谈话主题

如果同客户还有交谈的时间和可能，就要根据以往对客户信息资料的了解，确定一个谈话的主题。一般情况下，销售者在这场谈话中起导向作用，客户一般处于被动交流的地位，因此，销售者要尽快把谈话的主题吸引到客户感兴趣的事情上来。需要注意的是：

第一，不要过多地谈论具体产品，否则很容易给别人造成推销的印象。可以以自己的职业为主线，选择一些相关的话题。

第二，如果你对客户的偏好不是太了解，客户案头上的东西就很有用，它能够向你传达主人的性格、爱好和风格等信息。悄悄留意一下上面摆放着什么、摆放的位置等，有助于你选择一个合适的话题。

第三，敏感性的话题很容易引起争议，即使双方不表露，也会破坏和谐的气氛，造成客户心理上的抵触。尤其不要谈论关于宗教和哲学方面的问题，更不可涉及客户隐私的话题，如客户的身体状况、年龄、收入等。

第四，要选择一些容易引发评论和讨论，并能拓宽别的领域的话题。

3. 了解与客户第一次交谈的技巧

面对面交谈的时候，需要掌握哪些技巧呢？请参考下表：

技巧	说明
学会说套话	套话是较为陌生的人见面后，为避免冷场而作的过渡，如“今天的雪真大，车子不敢开太快”。如果是通过别人介绍认识的，在第一次见面时，谈论双方共同熟悉的人是一种效果最好的套话：“××让我代他向您问好。”双方很快就有了共同的话题，不至于因陌生而无话可说
少说多听	通过有意识地引导，让客户多说，自己做一个倾听者。不要打断客户的话，与客户交谈的时候，眼睛要注视对方的鼻翼处，最好不要东张西望，更不能让客户感到你不集中精力
善于提问	在倾听的过程中，不时向客户提问，提出的问题要新颖且易于回答，激发客户谈话的动力，表示你对客户的谈话很感兴趣。例如，当客户提到自己是杭州人时，你可以问：“桂林的山水一定很美吧？我还从来没有去过那里呢。”客户有可能会兴致勃勃地向你介绍他的家乡

续 表

技巧	说明
不泛泛空谈	与客户谈论忌说大话空话，要通过切合实际的主题，表现出你的诚恳、稳重风格，给客户以踏实的感觉
不要就某一问题谈得太深入	如果谈论的话题太深入，会给销售人员带来危险：一是有可能暴露自己对这一问题的知识匮乏；二是有可能造成与客户对问题看法的不一致；三是有可能偏离自己的最终目的
不要固执己见	与客户意见有分歧时，可以选择巧妙地引开话题，不要与客户斤斤计较，更不能发生争执。要时刻记住，你是做营销的，不是验证真理的
谈话方式要与客户的个性相适应	有的客户比较保守，销售人员就不要表现得很随便。对较为外向的客户，可以适时表现一点幽默，但切不可过分，因为这只是认识阶段，而不是要马上建立友谊

4. 掌握向客户告别的技巧

沟通完成之后，就要和客户告别了，这时候，也是需要掌握一定的技巧的。有了好的开头，再加上一个好的结尾，才能够提高整个沟通的效果。

第一，一般情况下，第一次会面时间不要太长，选择恰当的时机和方式向客户告别，会给客户留下好感。

第二，当客户有其他客人来访时，除非你与客户的交谈非常紧急和重要，否则即使你与客户的话题没有谈完，也应立即向客户告别。

第三，当与客户的话题结束时，应主动提出告别。在你所准备的话题结束后，要主动提出告别，防止出现谈论的空白，同时也要避免客户提出新的话题令你措手不及。

第四，当对方有倦怠情绪时，应提出告别；当你感到客户不再想继续话题的时候，要及时提出告别，即使你不知道客户倦怠的原因，也不要继续与客户交谈。

第五，与客户告辞时不要拖泥带水，语言要简洁。对客户的起身送别表示感谢，并婉拒客户送出室外。

“是的，而且……”—— 一句话可以帮助你增加销量

任何一名销售人员都想要作出更多的销售额，都想和客户建立更深入的关系。那么，你会用怎样的方式呢？这里可以告诉你一个小秘密，就是向客户说“是的，而且……”，这句话不仅能加深你和客户的关系，而且还会让你在销售业绩上表现得更好。

1. 帮助你追加销量

如果客户说：“你的产品对我们真的有用。”销售人员的第一本能可能会说：“谢谢，我真高兴你喜欢它。”但是如果把这个反馈替换为：“是的，我们真高兴它如此满足你的需要。许多客户当把这个产品和它的其他补充产品一起使用时，也有好的结果。”或者“是的，这个现在在有限的时间里，还有一个折扣，如果你想存货，现在是个好时候。”定然可以帮你追加销售量。

2. 改善谈判效果

在谈判中，多使用“是的，而且……”，而不只是一句平淡的“是的”，会显著增强谈判效果。比如：“是的，很高兴我们有这笔买卖，而且我想知道是否你有朋友或者同事，可能也对这个服务感兴趣。”或者“是的，而且我不知道是否你能按条件给我一些额外帮助。”

3. 降低挫折感

在消极的情形下，用“是的，而且……”不要用“但是”。比如：“你的工作很好，但是不能使用它，因为你没有按时交付。”“你的工作不错，而且如果你在截止日期交付，让我们能用上它的话，这就会真的有帮

助了。”

除掉“但是”这个词带来的敌对，以及从句中产生的争执，后面的这句话会让你更接近客户，是有效避免僵局的一种合作性的解决方案。

4. 扩展关系

如果客户说：“你今天很不错啊。”你完全可以对这个人说“谢谢”。但是，如果用“是的，而且……”来回应：“谢谢你，你看上去也不错”或者“谢谢你，可能这是因为我真的喜欢和你一起聊天”更会推动、拓宽你们关系的边界，带来额外的信息。即使你的回答是“谢谢你，我刚休假回来，”你也会通过提供个人信息来制造更多的交流机会。

5. 让交流继续下去

如果用“是的，而且……”来回应一句话，会给整个交流带来一些额外的信息或者观点。可能你的“是的，而且……”也会从客户那里带出更多的信息和想法。如果客户也在使用“是的，而且……”做回应，那就是希望你有更多的想法。如此下去，不久，你就有了一个友好的对话，这是最好关系的开始。

如何让自己的话引起客户的共鸣

销售人员有很多，但其中只有20%的销售人员包揽了80%的交易。很多销售高手之所以能够脱颖而出，就是因为他们懂得推销的艺术，其中的精髓在于他们充分运用了高超的“说服法”，让客户从“不”变为“是”，从“不愿意”变为“我愿意”。那么这种高超的“说服法”到底是什么呢？就是销售人员在短时间内找到客户感兴趣的话题，引起客户共鸣，再伺机引出自己的销售目的。

1. 说话要真诚

只有真诚的人才能取得别人的信任。对销售人员来说，真诚待人就显得更加重要。只有从客户的角度出发，才能说出自己的感受、说出客户的感受，才能让客户产生共鸣，才能顺利地让客户作出购买决定。

2. 给客户一个购买的理由

当客户决定购买一件东西时，都是有他自己的理由的。有些东西也许客户事先并没有想到要购买，但是一旦决定购买时，总是有一些理由支持他去做那件事。

时时把握客户的需求与承受能力，体察客户的心态，才是最终成交的关键。很多销售人员不了解客户的需求，在客户身上花费了很长时间，结果竹篮打水一场空，白白浪费了宝贵的时间和精力。

在沟通的过程中，如果销售人员能够了解客户的实际需求，并加以分析，然后从客户的需求出发寻找共同话题，巧妙地将话题从客户需求转到销售中来，给客户一个切切实实的购买理由，那么客户想不购买都难。

3. 让客户知道不只是他买了这款产品

很多人都有一种从众心理，销售人员在推荐产品时，可以适时地告诉客户一些与他情况类似的企业或个人购买了这款产品，这样就会从心理上刺激客户的购买欲望。

4. 热情的销售人员最容易成功

热情的交谈往往能让客户进入一个不设防的状态，同时也会激发客户的购买欲望。客户总是喜欢和热情、开朗的销售人员谈生意，因为他能够带给客户愉快的心情和周到的服务。

销售人员的热情来源于两个方面：

（1）善于使用赞美

这能给客户创造一个符合其心意的热情气氛，从而调动客户的积极性。

（2）交谈中让客户受益

交谈中不断介绍丰富的商品知识和新颖的相关信息，这能使客户感到与销售人员的接触受益匪浅。

5. 不要在客户面前表现得自以为是

有些销售人员为了说服客户促成交易，与客户交谈时好像闹钟上紧了发条一样，根本不顾客户的感受，夸夸其谈，甚至打断客户的话，没完没了地发表自己的“高见”，而这只能让客户感到很无趣。销售人员说服客户一定是在沟通中完成的，只有展开互动，把话说到客户心坎上，才能让客户产生共鸣。

6. 注意倾听客户的话

一般情况下，只要有谈话的机会，大多数人都不太爱听别人谈话，而是喜欢别人听自己说话。而且，大多数人都喜欢谈和自己有关的事，而不是和对方有关的事。如果销售人员在推销商品时，70% 的时间是自己在讲话或推销商品，客户只有 30% 的讲话时间，这样的销售人员必然会业绩平平。

如果想成为优秀的销售人员，就要将听和说的比例调整为 2：1，也就是说，70% 的时间让客户说，你倾听；自己用 30% 的时间来发问、赞美和鼓励他说，只有这样，销售人员才能打开推销之门，成为顶尖销售。

第六章

正确异议处理让销售无障碍

异议处理就是将顾客的疑问、不满完全解答的过程。在决定的过程中，客户一般都会提出异议，如果你不能将异议处理得让顾客满意，是很难实现销售的。

“您为什么不想买”—— 让客户将拒绝的理由说出来

很多时候，当你向客户推荐商品的时候，客户都会拒绝。销售人员应该如何看待客户不同意购买的种种理由呢？消极对待或者草草放弃肯定是最没用的办法，仅仅从意念上告诉自己“客户拒绝未尝不是一件好事”没有实际意义。只有在思想上积极分析、在行动上针对不同的拒绝理由加以应对，才能治标治本。

很多销售人员拜访客户时，最担心的就是客户说出一些拒绝的理由，有时甚至设法阻止客户说出拒绝的理由。其实，如果不让客户说出拒绝理由，怎么想办法解决问题呢？因此，当客户想说出他为什么要拒绝时，千万不要阻止，而是要引导他说出来，比如：“您为什么不想买”“您能将不买的原因告诉我吗?”“是不是价格太贵了”……

如果只是一味地阻止客户提出拒绝理由，必然会引起客户更大的不满。所以，对于客户的这种正常表现，推销人员不仅不应该阻止，而且还要想办法加以引导，然后从他们提出的拒绝理由入手寻找说服他们的机会。

1. 以积极的心态看待客户的拒绝

全美“最伟大的销售人员”乔·吉拉德曾经说过：“客户的拒绝并不可怕，可怕的是客户不对你和你的产品发表任何意见，只是把你一个人晾在一边。所以，我一向欢迎潜在客户对我的频频刁难。只要他们开口说话，我就会想办法找到成交的机会。”

客户拒绝销售人员是一种十分正常的行为，很多经验丰富的销售人员都会把客户拒绝看成是家常便饭。有些销售人员对客户的频频拒绝会感到受打击和不满，其实客户能够对你和你的产品提出意见，对你来说未尝不是一件好事。

在与销售人员沟通的过程中，客户提出的拒绝方式有很多种，其实在种种拒绝方式背后都隐藏着各种各样的原因。面对各式各样的拒绝方式，销售人员首先要了解客户不愿意购买的真正原因，然后找出最适宜的解决方法，这才是促成交易的关键。

由此可见，销售人员确实不应该对客户的拒绝感到恐惧或排斥，而应该表示欢迎和支持。

2. 正视客户主观意见的反应

有的客户足够理智和冷静，有的客户则会表现得相当主观，这一点从他们的拒绝理由中就可以看出。比如：“我知道，你们这类产品都是金玉其外败絮其中的，我可不会轻易上当。”“我很讨厌这种传统的造型，它看上去就像一个愚蠢的邮箱。”“我一位同学说过，他购买的这种产品非常不好用。”“我刚做了一个非常不好的梦，今天我最好什么东西都不要轻易购买，以免上当。”等等，这些理由的主观色彩十分浓厚，虽然明显不够理智，也没有真正触及产品本身，可是这些客户却是不容易被说服的。

主观性强的客户所提出的拒绝理由经常来自于他们自己的生活或心情，销售人员要掌握更灵活的处理方式。比如，可以采取以下方式：对客户的主观意见不做实质性回应，等客户发泄完后，再用自己的真诚和热情引导客户进入到愉快的沟通氛围当中。

需要注意的是，要用一种比较幽默的方式回应客户的牢骚，不要纠正或者反驳客户的观点。当你表现得足够宽容时，客户也许就不会再抱着自己的成见对你吹毛求疵了。

3. 正确看待具有客观依据的拒绝理由

虽然对客户提出的拒绝理由感到头痛，但是很多时候我们却不得不承认，客户提出的拒绝理由也是有一定的客观依据的。销售人员要特别提醒自己：客户是非常理智的，他们绝不是无理取闹，很可能对同类产品有着相当程度的了解，千万不要企图蒙混过关。

面对客户证据充分的拒绝理由，销售人员必须实事求是地承认客户的意见，然后将客户的注意力转移到产品的其他优势上；同时，要对客户提出的意见表示感谢。比如，“周小姐，看来您是一位非常细心的人，对于您提出的意见我一定会予以充分重视。不过，您是否注意到，本产品其实……”这种情况下，一定要把话说得委婉动听，让客户感受到被尊重感。

4. 正确认识客户的自然防范

很多时候，客户之所以要拒绝推销，完全是出自一种自然防范的心理。他们可能认为自己在与销售人员的沟通中处于下风，所以销售人员说的每一句话对他们来说都像一种进攻；如果让他们掏钱购买产品或服务，更会令他们感到是一种冒险。

其实，有时客户之所以会产生防范心理，主要原因就在于销售人员本身，比如，有的销售人员表现得过于急切，让客户感到自己被步步进逼；有的销售人员则给客户留下了不值得信任的坏印象等。

不管是什么原因，当客户表现出防范意识时，销售人员都要特别注意自己的言行举止，要尽可能地用舒缓温和的语调与客户进行沟通，让客户放松下来；和客户沟通的时候，要尽量拿出证明自己和产品信誉的实证来赢得客户信任……当客户感到放松并对你产生信任时，这种防范心理自然就会消除了。

5. 正确看待客户用借口当作拒绝理由

销售过程中，有的客户并不想明确地提出自己拒绝购买的真正理由，也许这些理由不方便说出，也许他们是想用一种声东击西的战术来获得其他好处……不过，销售人员一定要明白，他们提出的理由大多只是借口。如果误把借口当作真正的拒绝原因，销售人员很容易“误入歧途”，只能与最初的目标越走越远。

如果客户不愿意说出他们拒绝购买的真正原因，销售人员完全可以采取一些“软”性的迂回战术。例如，“赵先生，您担心的售后服务问题在我们公司是绝对不会出现的，这在合同上是有专门规定的，如果我们做不到那些，那我们损失的会更多。”“大姐，您的顾虑我们可以理解，不过我想您真正在意的一定是其他问题吧?”……对于客户提出的任何借口，销售人员都不要轻易接受，可以采取逐个击破的方法让客户接受你的推销。

“你看这样行不行”—— 把握好否认客户异议的“度”

推销过程中，当客户的异议来自于不真实的信息或者误解时，销售人员可以使用直接否定法，直接纠正顾客对问题的看法，从而消除异议。不过，在直接否定客户看法时，销售人员一定要注意语气和措辞，因为直接否定客户是比较危险的，处理不好反而会让客户恼羞成怒，直接离去。

那么，究竟什么是客户异议呢? 所谓客户异议就是指，在销售过程中，客户对销售人员的不赞同、质疑或拒绝。多数销售人员对异议都抱着负面的看法，对异议感到挫折与恐惧，可是，经验丰富的销售人员却能从另外一个角度来体会异议，揭露出异议背后的含意。

没有异议的客户是最难对付的客户，在实际接触中，要尽量避免直接否定客户，否则容易使气氛僵化而不友好，使客户产生敌对心理，是不利于顾客采纳销售人员意见的。但是，如果客户的反对意见产生于对产品的误解，而你确信自己有能力说服客户，完全可以直接说出来，比如：“你看这样行不行”“这样，可以吗?”……

但在反驳客户时，一定要用友好而温和的态度，最好能够引经据典，以绝对优势来说服客户，让顾客对你有信心，从而增强顾客对产品的信心。

1. **把握好直接否定客户时的度**

有这样一个案例：

客户：“我是不会跟你们合作的，因为贵公司经常延迟交货，简直是糟透了!”

销售人员：“周经理，您这话恐怕不太确实吧?在我接触的客户中，还没有客户这样讲的。他们都认为我们公司的信誉不错，在同行之间也是有口皆碑的。你这么说，可否举出一个实例?”

在这个案例中，这样的问题是必须直接反驳的，因为“延迟交货、不守信誉”是异议的重点，如果确有此事，客户必然能够举出实证，销售人员应该立刻向上级反映，设法挽回；可是，如果客户的说法只是传言，并没有实在的证据，异议也就容易解决了。

直接反驳客户异议时，销售人员应该注意以下几点（见下表）：

要点	说明
态度要委婉	直接反驳客户的异议，必然会在一定程度上引起客户的不快，为了不让客户生气，销售人员应该态度真诚，语气诚恳，千万不要怒言斥责客户或者挖苦客户，更不能说出这样的话：“如果贵公司坚持这个价，请为我公司的员工准备过冬的衣服和食物，总不能让我们的员工饿着肚子、瑟瑟发抖地为你们干活吧
对事不对人	在直接反驳客户时，千万不要伤害了客户的自尊，要考虑客户的感受，尽量把反驳意见针对事情本身，而不要针对客户，如此才可以尽可能地减少客户不良的心理感受

续 表

要点	说明
针对性询问	如果客户的异议是以问话形式提出的，完全可以采用直接反驳法，如此才会给对方留下一个肯定自信的感觉；而且，因为对方是问话形式，所以在语气上并不会伤害到对方的心理

2. 用间接反驳代替直接反驳

直接反驳客户容易使双方谈话沟通的氛围僵化而不友好，虽然可以说服客户，但容易使客户产生敌对心理，是非常不利于客户接纳销售人员的意见和建议的。如果有可能，销售人员最好采用间接反驳法，不要直接反驳客户。

所谓间接反驳客户指的是，销售人员在听完客户的异议后，先对对方异议的某一方面表示肯定；然后，再将自己的反对意见陈述出来，这种方法又叫作迂回否定法。

当客户说“你们这个项目并不如你说得那么完美，其中有不少漏洞”时，如若销售人员直接反驳“李经理，你错了！你根本没有听明白我的意思”，必然会引起对方的不快，给对方造成心理压力。如果说：“李经理，您说得对，一般客户在看待这个问题时，会有和你相同的看法。即使我自己也会这样想。但如果仔细想一想，再深入研究一下，您就会发现……”如此这般是很容易扭转客户的想法，逐渐让客户同意你的说法的。

使用间接反驳法，可以采用以下两种方法：

（1）转化异议

就是将客户的异议转化为说服客户购买的理由。虽然也是反驳，但这种表达方式可以在客户不太注意的时候直接转入问题。如果客户说：“很抱歉，我的财力有限，现在没钱购买。”销售人员完全可以说：“孙经理，可不要这么说。我觉得，正因为财力有限，现在才是更好的机会。现在房价上涨得这么快，能赶早就不要赶晚啊。”

（2）肯定形式，否定实质

每个人都渴望被理解和认同，间接反驳客户可以先从对方的意见中找出彼此同意的内容，予以肯定，产生共鸣；之后，再借势说出你的不同看法。这里肯定的只是次要的部分，否定的是问题的本质，但容易被对方接受和认同。

“咱们按这个方法来”—— 处理客户异议有方法

在销售过程中，并不是每一单都成交得非常顺利，客户总是会提出这样那样的异议。每个销售人员都有自己独特的处理异议的方法，不同的方法适用于不同的客户、产品和场合。要想成为优秀的销售人员，就要掌握多种多样的消除异议的方法，如此，才能在处理客户异议过程中取胜，使销售工作顺利进入到下一阶段。

那么，如何来处理客户的异议呢？通常可以采用以下一些方法。

1. 直接驳正法 —— 直接否定和纠正异议

所谓直接驳正法是指，客户一提出异议，销售人员就直截了当地予以否定和纠正。在很多人的思维中，直接驳斥客户的做法是最不明智的，会让客户感到不恭敬，可是在有些情况下使用直接驳正法却很奏效。

应用直接驳正法时，销售人员必须注意以下几点（见下表）：

注意	说明
态度委婉	由于要直接驳斥客户的意见，为了避免触怒或引起客户不快，销售人员要真诚、语气要诚恳、面容要微笑，切勿怒颜责备客户
针对问话	在客户的异议以问话表示时，应用此法最为有效，因为它能给予对方一种肯定自信的感觉

续 表

注意	说明
因人而异	对固执己见、气量狭小的客户最好不用这种方法，因为这类客户会认为销售人员不尊重自己，从而产生争执
勿伤自尊	处理客户异议时，千万不要伤害客户的自尊

2. 间接否认法——先肯定对方，然后再述说自己的观点

间接否认法是指，销售人员听完客户的异议后，先肯定对方的异议，然后再述说自己的观点。

在听完销售人员现场说明后，客户说："你们这个项目，并不如你说的那么完美。"销售人员若直接否认辩驳："郭先生，你错了，你根本没听懂我的意思。"必然会引起不快，所以，完全可以改用："您说得对，郭先生，一般客户最初都有和您相同的看法，即使是我，也不例外，但若仔细瞧瞧，深入地研究一下，您就会发现……咱们完全可以按这个方法来！"

面对同一情况，两种迥然不同的回答，其效果自然可以分出高下。使用间接否认法，需注意以下两点：

（1）适用范围

这种方法适用于自以为对产品了解许多并有独到见解的客户。这些人主观自负，自以为是，所以只能顺其性而智取，不能直接反驳。

（2）基本句型

这种方法的基本表达句型是"先是后非"，即对于客户异议用"是……但……"答辩。

3. 转化法——将客户异议巧妙转化

有时候，销售人员可以利用客户异议作为说服客户购买的理由。一旦

将客户异议巧妙转化，完全可以变成反击客户的武器，使客户陷入自己设置的陷阱中，被销售人员说服。

客户：“抱歉，我财力有限，现在没钱买。”

销售人员：“王先生，您可别这么说，现在房价上涨得这么快，赶早不要赶晚呀！”

分析：在本例中，客户以“没钱”为拒绝的异议，但随着物价的不断上涨，与其延迟购买，不如及早做出购买的决定。经过销售人员巧言转化，“财力不足”完全可以变成必须购买的理由。

销售应用此法时，应注意以下三点：

（1）经验丰富

只有经验丰富、精通技巧的人才能察言观色，当机立断，将客户异议转化为有利于成交的理由。因此，采用这种方法的时候，销售人员必须具有丰富的经验，精通销售技巧。

（2）转化得当

在使用这种方法之后，如果客户情绪反应强烈，反而会弄巧成拙，使客户生气，增加销售阻力。

（3）心平气和

使用这种方法的时候，销售人员必须心平气和。即使客户的异议缺乏事实依据，也不能当面反驳，最好旁敲侧击，去疏导、启发和暗示。

4. 截长补短法 —— 利用异议之外的优点补正异议的缺点

天下没有十全十美的事情，任何一个销售建议虽然有自己的优点，但也必有缺陷。所谓截长补短法就是，利用客户异议之外的其他优点来补正异议的缺点，将不能成交转变为可能成交。

当客户提出“产品异议”，认为产品的品质和设计都不理想时，销售人员完全可以以价格低廉、服务良好为由，给予补偿。这样，以优补拙，以良救劣，必然能够使客户的心理趋向平衡。

5. 反问巧答法 —— 将客户真实异议的制胜要素化解掉

反问巧答法是指，销售人员将客户真实异议的制胜要素化解掉，适时对客户发问，引导客户思考，将异议化解掉。销售人员在应用这种技巧时，首先要将异议转化为发问，启发客户的自省能力；如果客户有所领悟，便能自己说服自己；若不能领悟，销售人员再反问巧答，举证说明，消解其异议。

客户："您这辆汽车的款式不理想。"

销售人员："款式不好吗？先生！"

这个例子虽然简短，但也充分体现了销售人员的反问技巧。客户提出产品异议，其真实程度如何，在此例中还无法作出判断，因此完全可以将其转变为"不好吗？"

这样就包含了两层意思：①销售人员认为汽车的款式不错，客户可以放心购买；②如果客户认为款式不好，就要将不好的地方直接指出来。如此，客户就会在心里感受到一种必须"摊牌"的压力，必然会将理由说出来，如此，销售人员便有机会通过示范或举证说明将异议化解掉了。

6. 忽视法 —— 面带笑容地同意客户异议

所谓"忽视法"就是，当客户提出一些反对意见，并不是真的想要获得解决或讨论时，这些意见和眼前的交易扯不上直接的关系，您只要面带笑容地同意就行了。

对于一些"为反对而反对"或"只是想表现自己的看法高人一等"的客户意见，如果认真地处理，不但会浪费时间，还可能产生更多的问题，因此只要满足了客户的表达欲望，就可以采用忽视法，迅速地将话题引开。

忽视法经常使用的方法有：

- 微笑点头，表示“同意”或表示“听了您的话”。
- “您真幽默”！
- “嗯！真是高见！”

7. 补偿法 —— 要给客户一些补偿

当客户提出的异议有事实依据时，销售人员就要承认并欣然接受，强力否认事实是不智的！不过，一定要给客户一些补偿，让他取得心理的平衡。

潜在客户：“这个皮包的设计、颜色都非常棒，令人耳目一新，可惜皮的品质不好。”

销售人员：“您真是好眼力，这个皮料的确不是最好的，若选用最好的皮料，价格恐怕要高出现在的五成以上。”

任何产品都不是十全十美的，虽然我们都希望自己的产品优点越多越好，但真正影响客户购买与否的关键点其实并不多，而补偿法却能有效地弥补产品本身的弱点。

8. 太极法 —— 将客户的反对意见直接转换成必须购买的理由

在销售的时候，当客户提出某些不购买的异议时，销售人员要立刻回复：“这正是我认为您要购买的理由！”也就是说，销售人员要立即将客户的反对意见直接转换成他必须购买的理由，这就是太极法。

经销店老板：“贵企业把太多的钱花在做广告上，为什么不把钱省下来，作为进货的折扣，让我们的利润好一些？”

销售人员：“就是因为我们投下大量的广告费用，客户才会被吸引到指定地点购买指定品牌，不但能节省您销售的时间，同时还能顺便销售其他的产品，您的总利润还是最大的吧！”

9. “是的……如果”法 —— 不要开门见山地直接提出反对的意见

不管有理没理，当自己的意见被别人直接反驳时，内心总是不痛快，甚至会被激怒，尤其是遭到一位素昧平生的销售人员的正面反驳，这是每个人的本性！

屡次正面反驳客户，会让客户恼羞成怒，即使你说得都对，没有恶意，依然会引起客户的反感，因此，销售人员最好不要开门见山地直接提出反对的意见。在表达不同意见时，要尽量使用“是的……如果”等句法，软化不同意见的口语。

潜在客户：“这个金额太大了，不是我马上能支付的。”

销售人员：“是的，我想大多数人都和您一样是不容易立刻支付的，如果我们能配合您的收入状况，在您发年终奖金时，多支一些，其余配合您每个月的收入，采用分期付款的方式，让您支付起来一点也不费力。”

10. 直接反驳法 —— 直接反驳以导正客户不正确的观点

在“是的……如果”法的说明中，我们强调不要直接反驳客户。直接反驳客户容易陷于与客户争辩而不自觉，往往事后懊恼。但有些情况必须直接反驳以导正客户不正确的观点。例如，客户对企业的服务、诚信有所怀疑时，客户引用的资料不正确时。因为如果客户对你们企业的服务、诚信有所怀疑，你如何拿到订单？

客户：“你们企业的售后服务风气不好，电话叫修每次都迟到！”

销售人员：“我相信您知道的一定是个案，有这种情况发生，我们感到非常遗憾。我们企业的经营理念就是服务第一。企业在全省各地的技术服务部门都设有电话服务中心，随时联络在外服务的技术人员。

不过，在使用直接反驳技巧时，在遣词用语方面要特别的留意，千万不要伤了客户的自尊心，要让客户感受到您的专业与敬业。

“您说，我在听……”——处理异议的原则

处理异议的时候，每个销售人员都有自己独特的方法，不同的方法适用于不同的客户、产品和场合。一名优秀的销售人员，只有遵循消除异议的原则，才能在处理客户异议过程中取胜，使销售工作顺利地进入到下一个阶段。

那么，销售人员处理异议的时候，该遵循怎样的原则呢？

1. 认真聆听

在拜访客户的时候，销售人员面对客户的质疑，据理力争或者保持沉默都是不可取的，都不利于问题的解决，而倾听则是解决问题的有效途径。当客户在讲述的时候，你可以不时地点头表示在意；如果对方发现你有些迟钝，而问“你在听吗？”你就要肯定地告诉对方“您说，我在听”。

销售人员要通过聆听来进一步了解客户的真实想法、了解问题的关键点，为处理异议提供更多的机会，得出更加正确的结果。只有这样，客户才会因为销售人员的尊重而感到心情舒畅，放弃原有的观点。

2. 详细记录

俗话说：“好记性不如烂笔头。”仅仅凭借记忆记住客户的异议，是很容易出现错误和偏差的。面对客户的投诉，销售人员要在“听”的基础上，有目的地做好异议记录，将客户异议的关键点和期望解决值把握好，如此，在回答客户异议的时候，销售人员才会有所选择，才会有所侧重，

才会抓住重点。

3. 给予理解

任何一个销售人员都在追求服务的零缺陷，可是，客我双方所处的位置、所接受的文化背景等都是不一样的，因此很容易对你的产品和服务产生想法、提出异议。对于客户的异议，销售人员要多理解、多站在客户的立场考虑问题。

如果销售人员改变了看待问题的角度，便会将理解融入到处理异议的过程中，如此更利于异议的解决。

4. 区别对待

对于客户提出的异议，销售人员要把异议与客户本人区别开来，也就是说，要把客户自身与客户提出的每一次异议区别对待，这也就是日常工作中所大力倡导的“对事不对人”。

5. 及时回复

对于客户提出的异议，一定要坚持“尽快答复”的原则，这样做不仅能让客户真真切切地感受到被尊重，还可以体现出销售人员对于解决问题的诚心和诚意，更能够进一步防止客户的负面宣传所可能造成的恶劣影响。

如果问题可以在现场得到解决，销售人员最好当即回复；不能解决的，要将准确的回复时间告诉客户，提高客户对你的信任，为以后工作的顺利开展扫清障碍。

6. 百折不挠

培养百折不挠的精神，既是跳越销售障碍的关键，也是基础所在！如果客户不止一次地拒绝了你，也不要气馁，要坚持访问，不断改变自己的销售方法。销售大师克来门史东曾经说过：“一个人要成为销售高手，不是靠学历、声望和地位，而是靠自信、耐力和雄辩。”

7. 敢于正视

销售人员要敢于正视顾客异议，这是处理顾客异议的哲学原则！顾客异议在销售过程中是客观存在的，如何去正确地理解和认识它，是销售人员处理顾客异议的方法论基础。

其实，顾客异议是一项免费的需求意向，指出了这种异议提出的针对性和指向性，比用其他方法收集顾客的反馈意见更有效。销售人员要对顾客的异议做出预测和分析。顾客异议的出现，不仅非常复杂，而且无规律可循；既有有效异议，又有拒绝购买的借口异议，为了做到“知己知彼，百战不殆”，销售人员必须认真分析，去伪存真，有针对性地处理异议。

8. 充分准备

要充分做好自我准备工作，适时处理顾客异议。在销售中，销售人员不仅要掌握并熟悉所有的产品资料、产品价格表、相关产品信息和售后服务等资料，还要充分了解竞争对手的情况。

对于顾客提出的异议，要根据当时的实际情况和异议性质来确定是立即答复还是拖一拖再答复，如果遇到比较明显、易于回答的异议，就要立即答复，如此才能显示出对顾客的尊重，才易于烘托双方的洽谈气氛；当遇到难于解释的异议时，就要拖一拖再答复，以免造成曲解；而对于顾客的一些借口、明知故问的发难或善意的玩笑、戏言，完全可以不必答复。

“不要激动”—— 慎重处理过激的异议

销售谈判过程中，客户可能会产生一些过激的异议，很多销售人员就是因为无法忍受而最终放弃了销售生涯。其实，面对客户过激的异议也并不是毫无办法。

俗话说：“听锣听声，听话听音。”当客户产生过激异议时，一定要让客户安静下来，对对方说“××先生，你先不要激动。”或者“××女士，不要激动，我们来解决”等。其实，客户出现过激的异议也是有原因的，而且原因还是多方面的，销售人员要根据当时的情况细心体会，从过激异议中抓住客户的真实想法。

现在，我们就来教大家怎么处理好这些过激的异议。

1. 对过激异议表示理解

对于客户的过激异议，销售人员要多一些理解。客户出现的过激异议，一般都不是出于理性思考，更多的是感性上的条件反射，是客户当时不良心态和情绪的体现。所以，销售人员首先就要从心理上消除其对自身的不良影响，从积极的方向去理解它，继而理性地将这个问题解决掉。也就是说，要以平和之心消除对方的浮怨之气，互感真诚。

同时，销售人员也要对这些异议可能暗含的其他意思和指向作出具体分析。比如，当客户说“你们的产品质量怎么这么差呀”时，其实他也知道产品故障在合理范围内，只是心存不满而已；当客户说“上次你们的维护是怎么搞的”时，可能是客户受了批评，对你发泄怨气而已；当客户说“我们不要，别再来了”时，可能是由于销售人员对客户死缠烂打，始终没有为客户解决掉问题所导致的。

2. 将过激异议忽略掉

每个人都容易为情绪所左右，特别是在买方市场中，客户处于优势地位。客户的优势心态降低了其对自身情绪的约束力，更容易产生一些过激言行，如此便会对销售人员造成很大的屈辱感。

如今，销售人员的教育程度和个人素质都较高，特别是电信、IT、咨询等新兴行业，即使是老板都对这些员工礼待有加。销售人员的自尊需求比较强烈，更容易产生挫伤感和受辱感，回应客户的时候很容易不冷静。因此，为了避免双方的合作关系恶化，销售人员就要将这些过激异议忽略掉，尽量保持内心的平静，不要刺激对方，如此才能通过有效的方法将这种不愉快的局面化解掉。

3. 用倾听了解过激异议产生的原因

销售人员不仅要从心理上接受和理解客户的过激异议，还要以倾听的姿态，向客户传达出自己诚恳解决问题的愿望，让客户感觉到被重视和受尊重，让客户觉得你是一个稳重的、可以信任的人。

当客户提出过激异议的时候，销售人员如果能够看着对方的眼睛，认真地倾听，用冷静的语气引导客户说出心中的怨气，是很容易得到客户的尊敬的。同时，销售人员还要从客户的讲述中收集解决问题所需要的信息，探究问题到底出在哪里，从而找到问题解决的对策。

4. 迎合对方，缓解客户的怨气

任何一个人都不喜欢别人对自己说“不”，即使明知自己是错的。所以，面对过激异议时，销售人员千万不要直接反驳对方。相反，在倾听的过程中，要适当迎合客户的说法，以此来拖延和淡化客户的无理要求和指责。

同时，要将其和阿谀奉承严格区分开来。迎合并不是拍马屁，而是善意地缓解矛盾，给对方节省时间，为接下来更好地沟通做准备。所以，销售人员没必要为此感到羞愧，要做到真诚和坦然。

“这个价位不合适”—— 即使拒绝也不要伤和气

对于客户来说，一般都想用最少的钱买到最好的商品或者服务，因此经常会在价格上和销售人员较真。很多顾客甚至还非常擅长“砍价”，给出的价格让销售人员哭笑不得。面对这样的顾客，销售人员完全可以直接拒绝，但要采用合适的语气，千万不要伤了和气，比如：“这个价位不太合适。”“您给的价还不够成本呢?”“这件商品的利润很小”……

客户一般都想花最少的钱获得最多的功能，销售人员要让客户明白：精力是有限的，不可能满足无限的要求。客户的要求有些是合理的，有些是不合理的。那么，如何拒绝客户不合理要求呢?

1. 耐心接受指责

在工作中，有些客户会无休止地提出一些不合理的需求：有些客户很难相处，有些客户喜欢挖苦别人，有些客户行为古怪，有的一点儿通融的余地都没有，有的提出过分的要求……对待这些形形色色的客户，就要依据他们的特点进行沟通。

当客户的要求遭到拒绝后，心情一般都不会好，甚至会对你加以指责。对此，你可以表示理解，接受指责，但必须向他解释：这是公司的规定，自己也无能为力，如果自己能够办到的，一定会尽力而为。

2. 不同客户区别处理

面对客户提出不合理的价格，销售人员不要沮丧，要先分析一下客户为什么会提出不合理的价格；找到原因后，要针对客户的心理，给出解决方案。记住，价格是可以谈判的，也是可以适当让步的，但价格的主动权一定要抓在你的手中!

当客户提出要求时，一定要问清楚什么事、什么目的、自己能不能办。如果要求正当，又在自己力所能及的范围，就要尽力为客户提供服务，把好事做好、做实、做到位，以体现“客户至上”的服务理念；如果对方要求苛刻，既超出了自己的能力范围，又不符合政策规定和工作规范的要求，就要毫不犹豫地予以拒绝。不要给客户留下什么念头和希望，千万不能碍于情面，含糊其辞。

3. 态度坚决，不留余地

无论客户的要求多么强烈，只要不符合政策规定或是工作规范的要求，就要坚决地予以拒绝，不留余地，但要注意方法，比如，可以这样说：“实在抱歉，我无能为力。”“对不起，我无法答应你。”

如果对方是你的重要客户，碍于情面，或对方性格暴躁，对于这种情况，也不要拿原则做交易，不妨婉转一点，可以叫他先回去，然后用电话、短信等方法把你的意思告诉对方，避免引起冲突和双方面对面的尴尬。

虽然说销售人员的收入直接由你的有效客户决定，但是自身也要有自己的底线，有自己的原则。因此，面对客户的那些不合理的要求，要坚持强硬的态度，做到不卑不亢。

实用操作工具

如何将客户的异议进行转化

转化法也叫利用处理法，或反戈处理法，就是销售人员直接利用客户异议中有利于推销成功的因素，并对此加工处理，转化为自己的观点的一部分，去解决客户异议。遇到客户异议时，销售人员完全可以采用适时转化的办法来解决。

1. 转化法的适用性

转化法是一种利用客户的反对意见本身来处理异议的方法。这种方法一般不适用于与成交有关的或敏感性的反对意见。例如，当客户提出：“你们的产品又涨价了，我们买不起。”销售人员就可以回答：“您说得对，这些东西的价格又涨了。不过现在它所用的原材料的价格还在继续上涨，所以产品的价格还会涨得更高。您现在不买，过一段时间就更买不起了。”

2. 运用转化法应注意的问题

运用转化法化解客户异议时，销售人员应注意以下问题：

第一，要向客户传递正确的信息，不能为了推销产品不负责任地向客户传递虚假信息而误导、蒙骗客户。

第二，必须认真分析与区别对待客户的异议，不仅要肯定与赞美客户异议中的正确部分与积极因素，利用客户异议本身的矛盾去处理异议；还要在赞美、肯定客户异议中的积极因素时，做到态度诚恳、热情，保持良好的推销气氛。

第三，运用转化法时，如果转化的理由不充分，不仅不能使客户心悦诚服，还可能弄巧成拙，使客户产生逆反心理，所以，为了消除客户的疑虑，要提供更多的信息来源。

第七章

面对不同客户要说不同的语言

俗话说："到什么山唱什么歌，见什么人说什么话。"销售人员在说话之前，一定要充分考虑对方是什么类型的人，然后再开口说话。面对不同的人，都用同一种说话方式，是行不通的。和不同职业、不同性格、不同学识、不同年龄、不同性别的人打交道，采取的方法也是不一样的。只有对不同的人说不同的话，把握好说话的方式，才能和人很好地进行沟通。

“大姐，你好”—— 灵活面对不同年龄的客户

在销售的过程中，销售人员必然会面对不同的客户，而每个客户的年龄都是不一样的，因此对于不同年龄阶段的顾客就要采用不同的说话方式。比如，遇到比自己年龄大的客户，可以说：“大姐，您好!”如果对方明显比你大，而你却说：“小妹妹，你看这个怎么样。”对方一定会生气。由此可见，面对不同年龄的客户，灵活采用不同的说话方式还是非常必要的!

不同年龄的人群对事的看法会有阶段性的不同，作为销售人员，要从中把握好销售的技巧。当你面对不同人群的时候，你要怎么样去跟他们交谈、沟通呢?

1. 18 ～25 岁的顾客

18～25 岁的顾客通常还没有独立的经济来源，他们刚刚参加工作，收入不稳定或较低，因此他们的消费水平受到一定的制约。但是，年轻的心态、较高的欣赏水平，以及毫无家庭责任困扰的消费习惯，都会促使这个年龄层的顾客成为最积极、最冲动的消费者。

这一年轻的消费群体，几乎不需要你费尽口舌和心力，只要产品是他们看中的、所需付的钞票不会多于当时他们钱包中的所有，他们就会毫不犹豫地购买。

销售人员要尽量详细地对品牌的知名度和独特性作以介绍。特别需要

注意的是，要给予这个年龄段顾客以足够的尊重和重视。因为他们是相当敏感的，如果你的眼神中有对他们宽大、休闲的韩式时装的些许嘲讽，或是为讨好职场佳人而冷落他们，都会刺伤他们的自尊心，更不用说让他们在你的店中消费了。

2. 25 ~30 岁的顾客

针对 25 ~30 岁的顾客，可以分为没有成家的“单身贵族型”和已经成家的“新婚贵族型”。无论成家与否，这个年龄段的顾客仍有追逐新鲜事物的热情，时时有消费冲动。

这个年龄段的顾客需要更多的消费鼓动才会升起对产品或项目的消费热情。对于“单身贵族”们来说，比较关心此种消费能否给他们带来身心愉悦，比如，品牌效应能否使他的消费行为受到周围朋友或同事的关注及尊重；对于“新婚贵族”们来说，则更关心此种消费能否提高他们的生活品质、增加生活情趣。所以，销售人员的消费鼓动应该对症下药、言简意赅、击中要害。

另外，这个年龄段的顾客通常生活节奏都较快，再加上年纪轻的关系，不喜欢听长篇累牍的介绍或推销，所以应尽量避免因过分热情或啰唆而引起的顾客反感。

3. 30 ~45 岁的顾客

这一年龄段的顾客经济情况逐渐稳定，已经具有相对成熟的消费观念，是名副其实的“成熟型消费者”。一方面，固有的消费观念在他们的头脑中很难改变；另一方面，一旦认定某个品牌或某种消费趋势，他们会很快成为忠实的消费者。

与这个年龄段的顾客沟通，最主要是掌握他们独特的消费心理。通常需要销售人员做非常详细的介绍，从品牌背景、产品成分，到单项价位、包月价位等，有时他们还会问到平时的客流量、月销售额等表面上看似与他们的消费没什么关系的问题，这时候销售人员一定不能有厌烦情绪，而是要尽自己所能，耐心地具体介绍。

4. 45 岁以上的顾客

45 岁以上且能走进你的店里的顾客通常都是“黄金型消费者”。他们在消费前通常都比较关心这次消费所能产生的效果，但在消费过程中又会将注意力转移至自己的享受度。在消费结束时，如果自己感觉很享受，即使没有马上看到明显的效果，也会促使他们下定决心第二次光临。

若有这个年龄段的顾客走进你的店里，一定要先在心里暗示自己：黄金型消费者来了，必须珍惜他的到来，然后主动地向他作介绍。即使当时有别的年轻顾客在，像接待贵宾一样接待他也不会显得过分。相反，你的热情一定会有相应的回报，因为走过大半辈子的人对于世态炎凉比年轻人会有更多感触，更需要加倍的尊重、体贴和发自内心的关爱。

需要特别注意的是，这个年龄段的顾客比其他年轻的顾客更需要语言的慰藉，在服务过程中不失时机地夸赞他是很聪明的做法。

“女士，你看这款合适吗”—— 巧妙对待不同性别的客户

很多销售人员在面对客户时，有的喜欢接待女客户，有的喜欢接待男客户。其实，由于男性和女性在生理、心理发展方面的差异，以及在家庭中所承担的责任和义务不同，在购买和消费心理方面有很大的差别。销售过程中，要区别对待。

1. 女性顾客

当今社会，女性消费者已经成为商品的主要购买者，销售人员要特别重视这一类顾客，要给予她们耐心周到的服务。要知道，如果你赢得了一个女顾客的信心，那么带回来的将不止是一个回头客。

女性消费者的购物行为非常明显地具有以下特征：

（1）购买动机具有主动性

现在家庭中，女性已经成为购物的主力军。调查显示，家庭日常消费品，61% 由女性购买，30% 由男性购买，另外 9% 则由夫妻双方共同决定。女性进行购买活动的原因是多方面的，有的是迫于客观需要，如操持家务；有的是为了满足自己的需要，如穿衣打扮等；有的则是把购物作为一种乐趣或消遣等。所以，女性消费者的购买动机具有较强的主动性。

（2）容易产生冲动性购买

如今，逛街已经成为当今女性最主要的休闲活动，很多人的逛商店都是无目的的，事先没有任何计划。因此，更容易产生冲动型购买。

（3）追求时髦，注重外观

爱美是女人的天性，大多数女性在购买服装时，首先想到的不是该商品是否对自己有用，而是要使自己漂亮或时尚。在这种心理的驱使下，女性在挑选商品时会更加侧重商品的外观和包装设计，她们通常会凭着对颜色、式样产生的直觉而形成对产品的好恶。例如，她们往往喜欢造型别致新颖、包装华丽、气味芬芳的商品。

（4）喜欢炫耀，自尊心强

对于许多女性消费者来说，之所以购买服装，除了满足基本需求之外，还有可能是为了显示自己的社会地位，向别人炫耀自己的与众不同。

（5）挑剔，精打细算

在购物时，最善于讨价还价的通常是女性消费者。虽然女性消费者更容易产生冲动性购买，但是在她们保持清醒头脑购物时，她们的挑剔心理也会强烈地表现出来。这一点在已婚女性，尤其是中年妇女身上表现得更为明显。她们购买商品时会左思右想，对同类型商品会货比三家；她们对价格的变化极其敏感，对优惠打折的商品怀有浓厚的兴趣。

所以，在接待女性顾客时，销售人员需要更多的热情和耐心，提供更周到细致的服务；不要急于成交，给她们足够的挑选、比较的时间，满足其求真的心理。

接待女性顾客的时候，可以采用的话术有：

> “女士您好，我是这里的销售顾问××，请问您怎么称呼呢?”
>
> 客户告之以后，主动加上客户的姓称呼：“好的，××女士，您先随便看一下，我们这里有……（品牌介绍），您可以把您心目中理想的车型以及对配置的要求告诉我，我给您参考一下，帮您找到一款最适合您的车型。”
>
> 给客户介绍车型之后，问：“女士，你看这款车合适吗?”

2. 男性顾客

男性消费者购买商品的范围较窄，一般都会购买“硬性商品”，注重理性，较强调阳刚气质。其特征主要表现为：

（1）购买动机具有被动性

就普遍意义讲，男性消费者的购买活动远远不如女性频繁，购买动机也不如女性强烈。在很多情况下，男性购买的形成往往是由于外界因素的作用，比如，家里人的嘱咐朋友的委托、工作的需要等。总体上来说，其购买动机的主动性、灵活性都比较差。

（2）目的明确，迅速果断

男性较强的独立性和自尊心直接影响着他们在购买过程中的心理活动，他们在购买商品时目的明确，能够迅速形成购买动机并立即导致购买行为；即使是处在比较复杂的情况下，也能够果断处理，迅速做出决策。

（3）注重质量、实用性

男性消费者购买商品多为理性购买，不容易受到商品外观、环境和他人的影响，在购买活动中的心境情绪变化不如女性强烈，不喜欢联想、幻想，感情色彩比较淡薄。他们更加注重的是商品的使用效果和整体质量，不会太关注细节。

（4）不善于讨价还价

男性本身所具有的攻击性和成就欲较强，普遍具有强烈的自尊心，购物时喜欢选购高档气派的产品，不太注重价值问题，不愿讨价还价，最忌讳别人说自己小气或所购产品“不上档次”。

（5）喜欢具有明显男性特征的产品

男性的特征是粗犷有力，在购买商品时，他们往往对具有明显男性特征的商品更为感兴趣，如夹克、西装等。

针对男性消费者的这些特点，销售人员应主动热情地接待，积极推荐商品，详细介绍商品的性能、特点、使用方法和效果等，促使交易迅速完成，满足男性消费者求快的心理要求。

“这款商品适合你”—— 掌握应对不同职业客户的方法

大多数人都会根据自己的喜好选择商品的种类，但很多人不知道，不同的商品含有的成分不同，适合不同职业的人使用。每个顾客的职业都是不同的，在向他们销售产品或服务的时候，也要区别对待！

1. 某一行业的专家 —— 对其事业的顺利进行夸赞

该类顾客一般都心胸宽大，想法富于积极性，会有意识地当场突然决定购买，很了解交易的实际情况。对于这类顾客来说，不仅要积极且热诚地向其介绍商品，还要满足他们的自负心。与之沟通的时候，如果能够对其事业的顺利进行夸赞，就可以说服他购买，比如：“我觉得，这款商品适合你！”

2. 企业家 —— 对其事业上的成就进行一下赞美

企业家一般都心胸开阔、思想积极，通常都可以当场决定购买与否；而且他们对交易的实际情形也非常了解。在向其销售商品的时候，首先可以对其事业上的成就进行一下赞美；然后，再热诚地为他介绍商品，如此成交的概率就比较大了。

3. 经济管理人员 —— 谦虚地进行商品说明

该类顾客通常都头脑精明，面对销售人员的时候，有时态度会显得傲慢而拒人于千里之外。他们一般都会根据当时的心情对商品做出分析和选择，不喜欢承受外来压力，只希望安分地做好自己分内之事。虽然他们会表现出一种自信而专业的态度，但只要你能谦虚地进行商品说明，大多数都能成交。

4. 公务员 —— 以稍微保守的介绍施加压力

该类顾客一般都无法独立做出决断，即使是销售人员对其说明了商品的优点，他们也不会轻易相信。他们有着很强的提防心理，想法中带有很多的官僚作风，如果不对他们进行积极的进攻，他们通常都不会主动购买。

面对该类顾客的时候，最好以稍微保守的介绍施加压力；然后，再慢慢地逼近。如果在他们身上花费的时间和热情比较少，交易是很难成功的；最好在围困的阶段对其进行攻克。

5. 工程师 —— 不要直接对其销售产品

工程师一般都比较理性，几乎不会凭感情来做事情；不管做任何事情，都头脑清晰，会追根究底，绝不可能冲动购买。因此，如果直接对其销售产品，一般都是很难激发起他的购买动机的。

6. 医生 —— 将自己的专业性体现出来

该类知识分子一般都比较保守，梦想自己是站在黄金舞台上的主角，如果了解了商品的价值，他们一般都会购买。在对他们推销商品的时候，销售人员要将自己的专业性体现出来。

7. 警察 —— 寻找共同点，紧密关系

警官一般都疑心重，喜欢挑剔商品的说明。但是，如果与销售人员有了共通的地方，关系就会变得亲密起来，以自己的职业为荣。当销售人员和他们的关系密切的时候，商品的推销也就容易多了。

8. 大学教授 —— 激起其自尊心

该类型的人一般都保守，是典型的思想家，会慢慢地考虑事务，不会兴奋，非常小心谨慎。对于商品，他们会提出其他人都不会想到的问题。在对其销售商品的时候，如果能够激起其自尊心，就可以将其攻克。适当奉承和请教的措辞有时能收到奇效。

9. 银行职员 —— 展示出充满自信的专家式的态度

大多数银行职员都思想保守，疑心重，他们一般都喜欢思索，不会凭一时的冲动做事。他们会以握有权力者式的态度，对商品做出分析和选择；喜欢有系统的事务，讨厌压力。对于他们，一方面要展示出充满自信的专家式的态度，另一方面要展开保守一点的介绍，就可以将其攻克。

10. 工人 —— 介绍商品的真正好处

该类型的人通常都希望自己和家人能过上平平安安的日子，而且不会轻易地相信他人，更不会无缘无故地浪费金钱。这样的消费者，只有了解了商品的真正好处，才会产生购买动机。

11. 设计师 —— 多讲述一些商品的优点

这类消费者一般都会用与普通人不同的观点来注视商品，对于将来的看法，既乐观又悲观。在思考的过程中，思想容易发生动摇，会以不透明的态度凝视社会。对于这种人，如果能够多讲述一些商品的优点，就可以成功地将其攻克。在说明商品的效用时，要给他们施加一种踏实而强烈的压力。

12. 教师 —— 对教师这种职业表示敬意

由于工作的关系，这类消费者通常都善于说话，思想保守，对于事情如果不理解，他们是不会投入精力和感情的。推销人员要对教师这种职业表示敬意，最好能够激起其自尊心，然后再展开虽然积极但稍微谨慎的商品介绍。

13. 退休人员 —— 引导一下他们的购买动机

这种人对将来非常担心，只能以有限的收入来维持生活。因此，购买商品的时候他们通常会采取保守的态度，决定和行动都非常缓慢。进行商品说明时，销售人员的态度必须恭敬而稳重。刚开始对其销售时，如果你想以刺激的情感速求交易，对方一定不会购买，最好先引导一下他们的购买动机。

14. 农民 —— 介绍一些常识，博得信任

农民一般都思想保守，自我意识强，独立心旺盛，心胸宽大，明白事理，即使有了可疑的事，也会善意接受。对于该类顾客，可以用积极而情绪化的态度为其进行商品介绍，与其诉诸于感情，倒不如主动向其介绍一些常识。只要博得这类人群的信任，他们就会持续购买。但是，即使你和对方变成了亲密关系，也应该讲道理。

15. 销售人员 —— 让他们觉得你对商品很内行

这类人一般都思想先进，个性明显，观念清楚，购买时会凭一时的冲动下决断；他们对事物会抱着乐观的看法，随时寻找理想的交易。对其进行推销的时候，如果能让他们觉得你对商品很内行，就可以将其成功攻克。销售的时候，要表现出你很佩服他们身为销售人员具有的知识或工作态度。

16. 建筑家 —— 多进行积极而富于攻击性的说明

只要说明了商品的优点，这类人一般都会购买。他们虽然不会追究商

品的细节，但会有意识地确认商品是否完全。只要将关于商品的合于道理的优点和魅力体现出来，就可以将其攻克。对这类人进行推销的时候，要多进行积极而富于攻击性的说明，如果能够给对方一些考虑的余地，效果往往会更好！

17. 司机 —— 按照逻辑性将自己的推销能力充分发挥出来

这类人大部分都抵挡不了逻辑化的攻势，且大都招人喜欢，比较幽默。如果按照逻辑性将自己的推销能力充分发挥出来，就可以将其攻克。但是，必须坦率地跟他们说明，给予刺激，最好找出与他们的工作有关的话题，然后认真倾听他们的诉说。

“您能说下自己的想法吗”—— 认真对待沉默寡言型客户

沉默型客户也称为“非社交型”客户，他们一般都沉默寡言，在社交中属于聆听者，不会轻易发表自己的观点，也不会轻易批驳对方的观点。

沉默寡言的顾客一般都处事老成持重，感情不易冲动，在购物时一般都只注意聆听营业员的介绍，不会轻易表达意见，销售人员一般都很难知道他们内心的真实想法。对于该类顾客，最好做个循循善诱的“长者式营业员”，引导他们说出自己的想法，比如：“您能说下自己的想法吗?”之后，解答他们心中的疑虑，了解和把握他们的心理动态，确保双方的销售洽谈不会因冷淡而破裂。

沉默型客户可以分为很多种，可是他们的共同点都是没有自信，他们会因讨厌销售人员而不和气或太过于警惕等。面对这样的顾客，最好询问他们原因，问到客户不得不开口的程度，并找到其沉默的理由。如此，便会让他们保持自信，或变得喜欢，或心情缓和。

对待这种客户，可以采取以下方式。

1. 不断提问，让对方开口

对沉默型客户，可以采用诱导法。如果客户属于内向型，可以不断地向对方提问，迫使对方不得不回答你的问题，只要对方开口，就可根据他的回答来准备对策；如果客户比较顽固，可以不停地劝诱对方，不用顾忌对方的态度。例如，“怎么样？价钱很便宜，跟白送一样，您来多少？”

2. 对方沉默，你也沉默

对待沉默型客户，不妨采用以沉默对沉默的方式。对方沉默，你也沉默。这样一来，对方不得不开口说话，一旦开口，你就前进了一步，接下来就可以施展自己的才能使对方顺应你的提议了。

3. 捕捉对方的真实意图

要想成功地与该类客户进行交易，关键看你能否捕捉到对方的真实意图。知己知彼，百战不殆，掌握对方心理是制胜的根本保证。那么，如何捕捉他们的真实意图呢？由于这类客户几乎都不开口，销售人员是不可能从他的话里打探到什么的，唯一的方式就是“察言观色”，通过对客户的表情、举动进行研究，捕获那些暗藏在他“形体语言”中的信息。

4. 循循善诱，让对方打开心扉

如果客户不爱说话，销售人员就要循循善诱。针对客户关心的事情去询问他的意见，热心地赋予同情和理解，让客户消除购买时的警戒心理，愉快地与你交谈、签约。

对于该类顾客，既不能急于求成、喋喋不休，也不能失去耐性、冷淡以对，可参考下述方法面对：

(1) 简问简答

所谓“简问”，就是要尽量减少与压缩问题，挑“骨头”提问。同时，问题的答案也要简单，比如“是”“不是”“喜欢”“不喜欢”“贵”“不贵”等就是“简答”。

（2）转移话题

尝试找出顾客感兴趣的话题，顾客就可能打开自己的话匣子，这时再适时转移到交易行为上，顾客的排斥感就会降低。

（3）适度沟通

三分钟的热情可能感染不了客户，可是如果能够始终如一地保持热情，服务到底，三十分钟便能拉近双方距离，使客户产生好感。

“我在听”—— 耐心应对吹毛求疵型客户

当顾客走进一家商店，销售人员拿出商品让他选择时，大多数顾客都会对商品挑三拣四、吹毛求疵。其实，顾客的这种态度不外乎三种原因：一是表示自己有眼力；二是为要求降价找借口；三是嫌太贵，以此作为不买的理由。明白了这些原因，在进行推销时销售人员就能应付自如了。

喜欢吹毛求疵的客户一般都疑心重，不信任他人，争强好胜，喜欢鸡蛋里挑骨头，沟通时，他们经常会抬杠和唱反调。在对这些人销售商品的时候，销售人员最好能避重就轻，减少过分的掩饰，表现出你在听他说话的神情，甚至可以直接告诉她：“我在听！”满足对方的心理。

可是，不能“老实交代、和盘托出”，一定要留有筹码。为了避免节外生枝，一定先要了解清楚客户疑义的真实目的，然后再给予详细的解答；同时，还要用事实依托数据来支持自己的论点，千万不要谈论题外话。

当然，在心理上，销售人员可以尽量满足对方争强好胜的习惯，采取“迂回战术”，先与他交锋几个回合，但必须适可而止；然后，假装败下阵来，让其吹毛求疵的心态发挥完之后再转入销售的话题。

走进店里的无论是什么顾客，不管他态度如何，脾气大小，都是“上帝”，是商店利润的来源，只要他进来就应殷勤接待。如果能做到这些，生意必定兴隆。

1. **同情和理解顾客的弱点**

一个优秀的销售人员，首先要有一颗同情心，能同情和理解顾客的弱点，理解顾客希望减价的心理。虽然做生意是为了获得合理的利润，但如果对顾客表示出同情，他自然也会同情你，交易就更容易成功了。

当顾客对商品不满意时，销售人员首先要了解他们的目的。如果他真是嫌质量不好，而你有更好的产品，倒不如拿出来。有些顾客不在乎价高，只想要质量好的产品；如果没有更好的，可以同情地说：“这质量确实不太好，因为好商品进价也高，所以只好进这种货了。不过，这种产品也能用得住。”这样顾客就没什么好说的了，因为你已承认了他的眼力不差，如果他不是非买更好的不可，这笔交易就容易成功了。

2. **为顾客提供另一种选择**

如果顾客的目的是想让你降价，而你又不能答应，就可以拿出另一种较便宜的产品给他看，同时不要忘记说：“这种质量不相上下，但价钱却便宜很多，用起来效果一样，大多数人都选这一种。”还可以加上一句：“其实，这些东西也没必要买太好的，反正都能用。”

此外，如果有一种可靠的新牌子商品，还可以告诉他：新牌子商品因欲求多销，所以价钱较便宜，实际质量和老牌子差不多。顾客一般都怕自己买不起高价而没面子，这样说不仅可以保住他的面子，还建议他买价廉的，顺水推舟，对方多半会掏钱买货。

3. **即使没有交易，也要希望顾客下次再来**

如果顾客因为价钱太贵或质量不好而没有购买，要记住：这次交易不成，你还是希望他下次有需要时再来的。而且，要对因为不能满足他的需要而表示歉意，还可以委婉地问他要不要选择其他东西，或希望他下次再来。

诚意的殷勤常会让顾客感到喜悦，大多数顾客可能会因招待殷勤而过意不去，买些其他东西。这样，他下次再要买什么东西时也会先到你这里看看，还可能愿意介绍他的朋友到你这里来买。

“您有什么担心的”—— 了解对待疑虑重重型客户的技巧

有些顾客做事的时候一般都没有主见，总是依赖别人，依赖他所信任的人。他们总是把自己当作一个小孩看待，每做一件事都要和家里人或他所熟悉的人、所信任的人商量，有时这类人还爱凑个热闹。

这种顾客遇到事情的时候一般都没有主见，往往消极被动，难以做出决定。面对这种人，销售人员就要牢牢掌握主动权，充满自信地运用推销话术，不断向他提出积极性的建议，多多运用肯定性用语，直到促使他做出决定，或在不知不觉中替他做出决定。销售人员可以这样说：“你有什么担心的？犹豫带来的损失要远远超过想象之中的。如果你不想买什么好处也得不到，对吗？但如果你想买，这些好处你都能得到……你想要什么？是想要这些好处，还是什么也不想？”

客户如果说：“你说的有道理，我当然还是想要这些好处，可是……”你就可以这样说：“那么就请你挑选一下吧！”即使已经接近成交，销售人员也不可掉以轻心，因为他们说不定又由于哪一方面的考虑而退却了。

在商谈时，销售人员要尽量不受到对方情绪的影响，对他们所提出的一切异议都要认真对待，要采取有力的证据去说服他。一旦他们产生了购买欲望，你就要坚决地采取行动，绝不可以拖泥带水，应逼促对方迅速做出决定。

1. 了解客户真正意图，对症下药

如果客户没有购买的意图，他会找借口推托；如果销售人员进一步询

问为什么要到以后才买时，他会局促不安，说话吞吞吐吐，含糊其词。对于这类客户，首先应给他一个良好的印象，使他产生与你交流的兴趣，然后再借机推销商品。如果有购买的意向，他们在说话时会流露出购买的诚意，并带有一丝歉意，同时会说出以后再买的具体理由。

为了探求客户“以后再买”的真正用意，销售人员可以使用这样一些方法：

①反问法——例如：“您好像还有些顾虑，能告诉我为什么吗？”

②逆转法——例如：“不着急购买，先看看再说，还是……”

③直接法——例如：“这件商品哪些方面还不适合您呢？”

④实例法——例如：“这是××人使用我们的产品以后的反馈信息。”

⑤否定法——例如：“关于这一点您不用担心。”

⑥资料法——例如：“您一定会对此感到满意，请您再仔细看看这些参考资料。”

⑦激将法——例如：“小姐，您难道没做过一件是自己独立思考的事吗？”

上面的这些方法都可以独立使用，也可以同时综合运用，主要目的就是将谈话的重点带到你所考虑的方向上去。

2. 为拿不定主意的客户当参谋

有些客户犹豫不决，是由于个性使然，这种人往往没有主见。对拿不定主意的客户，销售人员就要尽量帮他拿定主意，充当他的参谋。

（1）给客户提供选择

常用问话方式有：“您喜欢这种款式的，还是那种款式的？”“您喜欢超薄型的显示器，还是非超薄的？”或“您打算买一个，还是两个？”

（2）为客户提出建议

一位客户在挑选服装的时候问销售员：“白色的好看，还是黑色的好看?”销售人员决不能说“我喜欢黑色，白色的不好看”，而应该说，“两种颜色都不错，但黑色比较流行，而且也很适合您”。这样既巧妙地说出了自己的意见，又可以促使客户做出最后决定。

(3) 削弱商品的缺点

在挑选商品时，如果客户找出产品的缺点仔细琢磨，会影响他的购买决策。在这种情况下，销售员不妨先承认这个缺点，再削弱其缺点。例如：

客户：“我很喜欢这款笔记本，就是太重了，携带不方便。”

销售人员：“这款笔记本的确比较重，这是您犹豫不决的唯一原因吗?”

客户：“是的。”

销售人员：“这种型号的笔记本是重了一点，但它的配置比较高，如果您是家用而不经常携带，我觉得还是比较适合的。”

客户：“的确是这样，谢谢!”

(4) 把握最后的购买机会

客户：“我很喜欢这款衣服，不过我想再到其他商场转转。”

销售人员：“这种款式比较畅销，存货也不多，您很喜欢，穿上感觉好吗?”

客户：“好是好，就是……”

销售人员：“到别处看，等你再回来的时候，可能已经卖光了，您会感到失望的。”

(5) 用奖励刺激客户

事实证明，额外的奖励比削价出售要好很多！降价表明商品不是最好的，奖励则可给客户完全不同的心理感受。

总之，在为客户服务的过程中，一定要摸清客户的购买意图，如果客户有购买的动机，但却犹豫不决，一定要想办法让他尽快采取购买行动。

3. 通过聊天来启发客户

这种人没有主见，总希望与一个有主见的、可信任的人商谈一下，只有为他决定，他才去做某件事。销售人员可以先和他们聊天，先取得他们的信任，然后再询问他们“要不要”，为下面埋下“信任”的伏笔。通过谈话，顾客就会对你产生好感；听完你的话后，为了表示自己有独立主见，就会做出购买的决定。销售人员可以这样说：

“小姐，这些商品就在您的眼前，您又觉得很满意，为什么要和别人商量呢？难道还有人比您更加清楚我的商品，依我之见，您就开个订货单吧！您觉得怎么样？”

“先生，不要总是听从别人的建议，要自己去做决定，做一个独立的人。我觉得您应该自己决定买不买？何必听别人的呢？”

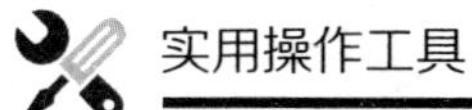

客户很挑剔，怎么办

即使产品服务做得再好，总会有疏漏不良之处。即使是做到了六西格玛品质标准，以百万为分母做控制，依然会出现不良现象。只有让最挑剔客户满意甚至感动，才能将之转变为忠实客户。面对挑剔的客户，怎么办呢？下列做法可供参考：

1. 站在客户立场看问题

面对客户的挑剔，首先要不防卫、排斥拒绝、虚心倾听，冷静客观地研究分析客户挑剔的观点。研究分析时，还要站在客户立场，就客观事实主观感觉情绪，去了解客户为何挑剔。面对最挑剔客户时，要先用了解歉意的态度认同客户的感觉，然后再就事实加以沟通讨论。

如果要改进客户的挑剔之点，就要提出改善、解决和补救的方法；如果不是事实，就要做好充分的沟通说明；如果无法做到，则应婉转地说明并允许退货或协商补救；如果需要时间加以解决或补救，要给对方承诺一定的时间；如果挑剔微不足道，就可以伺机转移话题。

2. 建立和谐的气氛

通常来说，气氛良好，挑剔情绪自然会慢慢降低，甚至消失。即使是面对最挑剔的客户，也要面带笑容，耐心而认真地倾听客户的投诉；同时，还要不计较客户的不礼貌言辞。如果确实是你有道理，也不要得理不饶人，依然要对客户的挑剔表示感谢。如果协商场所不好，就要换一个较适合之处；如果仅靠一己之力无法解决问题，可以请第三人或上级出面；如果一时陷入僵局，可以先暂停一下，或先研究了解延后再谈。

第八章

销售时不正确的说话方式要避免

推销也好，销售也好，主要是通过语言的表达来进行，说话的方式就显得格外的重要，在推销或者销售中，要避免出现不正确的说话方式。

“真是糟糕透了”—— 不要使用消极语言

具有说服力和感染力的语言，首先必须是积极的。如果销售人员不注意这一点，销售自然得不到客户的热烈回应。

客户对产品性能很不满，抱怨说：“真是糟糕透了！”销售人员说：“李经理，你绝不会因为买了我们的产品而后悔，因为这款机器绝对不会给您带来问题和抱怨。”结果，他失败了。

几天后，另一位推销同样机器的销售人员也来拜访李经理。面对同样的问题，这位销售人员是这样回答的：“李经理，我保证您今后几年都会因为购买了我们的产品而高兴，易于操作、功率强劲是这款机器的特点！”最后他成功了。

从逻辑上说，两名销售人员所说的内容都是相同的，但是前一位使用了消极的语言，所以大败而归；而后一位因为使用了积极的语言而取得了成功。

不管面对的是怎样的客户，也不管所处的环境如何，如果有积极的词汇可以选择，就要完全避免不必要的消极词汇出现。要说“这种产品真的不错！”而不要说“它绝对不会出错”；说“我们能为您提供更加全面周到的服务”，而不要说“和我们合作您就不必再担心合作伙伴不能履约为您带来损失。”

1. 尽量正面表述，减少负面用语

在保持积极的态度时，沟通用语应当尽量选择体现正面意思的词。比如，感谢客户在电话中的等候，常用的说法是“很抱歉让您久等了”。其实，“抱歉久等”在潜意识中强化了对方“久等”这个感觉。

有一个销售人员每次只要座席代表要查一点东西让客户稍等，哪怕是1秒钟，他们回来后也一定会说，“对不起让您久等了”。

比较正面的表达可以是“感谢您的耐心等待”。可以根据等候时间的长短，分别说“谢谢等候”“感谢您的耐心”“非常感谢您的耐心等待”等几个层次。

如果客户就产品的一个问题几次求救于你，你想表达你让客户真正解决问题的期望，如果说过“我不想再让您重蹈覆辙”“我也不希望这么倒霉的事再发生”等效果一般都不太好，你可以这样表达：“这次我有信心这个问题不会再发生。”是不是更顺耳些？

如果想给客户以信心，于是说“这并不比上次那个问题差”，就有些不妥了，应当换一种说法，比如：“这次比上次的情况好。”即使客户这次真的有些麻烦，也不能说“你的问题确实严重”，要换一种说法，如“这种情况有点不同以往”，效果会更好。

下表是更多的例子：

可能用语	更好的表达
问题是那个产品都卖完了	由于需求很高，我们暂时没货了
你怎么对我们的产品老是有问题	看上去这些问题很相似
我不能给你他的手机号码	您是否向他本人询问他的手机号
我不想给您错误的建议	我想给您准确的建议

续 表

可能用语	更好的表达
您没有必要担心这次修后又坏	您这次修后尽管放心使用
我们的网络不可能像您说得这么差吧	也许有些不巧，但我们网络运营很少出现这类问题。我们来看看怎么回事
是不是ATM机把您的钱吞掉啦	您是说ATM计算的数和您算的不一致

2. 能用“我”则不用“你”

对于大量日常习惯用“你”开头的表达，如有可能尽量用“我”代替“你”，二者给人的感觉是不一样的。“你”会给人以教育、指挥的感觉，而“我”则是一种谦逊、服务的姿态。客户听了哪种感觉好不言自明。

①可能用语：请问您的名字/电话号码是什么？

更好表达：我可以知道你的名字吗？或我该怎么称呼您？

②可能用语：你必须还要签字，否则我没办法……

更好表达：我们是为您的……，签字就……

③可能用语：你错了，不是那样的！

更好表达：对不起我没说清楚，但我想它运作的方式有些不同。

④可能用语：如果你需要我的帮助，你必须……

更好表达：我愿意帮助你，但首先我需要……

⑤可能用语：你弄的不正确……

更好表达：我得到了不同的结果。让我们一起来看看到底怎么回事。

⑥可能用语：听着，那没有坏，所有系统都是那样工作的。

更好表达：那表明系统是正常工作的。让我们一起来看看到底哪儿存在问题。

⑦可能用语：注意，你必须今天完成。

更好表达：如果您今天能完成，我会非常感激。

⑧可能用语：当然你会收到，但你必须把名字和地址给我。

更好表达：当然，我会立即发送给你一个，我能知道你的名字和地址吗？

⑨可能用语：你还是没弄明白，这次听好了。

更好表达：也许我说的不够清楚，请允许我再解释一遍。

3. 能不用“不”就不说

如果客户的要求你没法满足，可以这样表达：“真对不起，我们暂时还没有解决方案”。尽量避免不很客气地手一摊、头一摇（当然对方看不见）：“我不会有办法”。当你有可能替客户想一些办法时，与其说“我试试看吧”，倒不如更积极些：“我一定尽力而为”。

如果有人要求打折、减价，你可以说：“如果您买5台，我就能帮你……”而不要说“我不能，除非……”

如果客户找错了人，不要说“对不起，这事不是我们管”，可以换一种方式：“我们有专人负责，我替您转到他们那。”

即使你真的不知道某些答案，也不轻易说“我不知道”，可以说：“这个问题很特别（或有趣，尖锐，少见等），让我替您查（问，了解）一下”。

4. 涉及企业形象，不要就事说事

如果有客户一个电话转到你这里，抱怨他在前一个部门所受的待遇，你已经不止一次听到这类抱怨了。为了表示对客户的理解，不要说“你说得不错，他们经常这样”，可以这样说：“我完全理解您的苦衷。”

客户的要求是公司政策不允许的，与其直说“这是公司的政策”，不如这样表达：“根据多数人的情况，我们公司目前是这样规定的……”

“你有完没完”—— 不要在客户面前多“嘴”

沟通要讲究一定的艺术性，良好的口才可以助你事业成功，良性的沟通可以改变你的人生。所以，与顾客交流时，一定要管好自己的口、用好自己的嘴，要知道什么话应该说、什么话不应该讲。

在和客户沟通的过程中，销售人员不仅要使用文明的语言、保持谦和的态度；而且，在沟通和谈话的方式方法上，还要注意一些细节性问题。销售人员在和客户谈话时，应该禁忌以下“七嘴”：

1. 在和客户交谈中不要“闭嘴”

所谓的“闭嘴”，就是一言不发，使交谈变相地冷场，导致不良后果。在客户侃侃而谈的过程中，如果销售人员始终保持沉默，会被视为对客户所谈的话不感兴趣。本来双方洽谈甚欢，一方突然“打住”，会被理解成对对方的“抗议”，或对话题感到厌倦。

所以，一旦碰上无意之中所出现的交谈“暂停”，销售人员一定要想办法尽快地引出新话题，或转移旧话题，以激发客户的谈话情绪。

2. 在和客户交谈中不要“插嘴”

所谓的“插嘴”，就是在客户讲话的过程中，自己突然插上一句，打断客户的话。一般情况下，销售人员都不能打断客户讲话，更不能直接说“你有完没完！”

从中插上一嘴，会喧宾夺主、不尊重客户。如果确实想对客户所说的话表达自己的不同见解，也要静待客户把话讲完。如果打算对客户所说的话加以补充，要先征得客户的同意，先说明“请允许我补充一点”，然后再“插”进来。不过，“插嘴”的时间不宜过长、次数不宜过多，否则会打断客户的思路。有急事打断客户的谈话时，要先讲一句“对不起”。

3. 在和客户交谈中不要“脏嘴”

所谓的“脏嘴”，就是说话不文明，满口都是“脏、乱、差”的语言。作为一个有素质的销售人员是要禁忌的！在和客户交谈的过程中，一定不要满嘴脏话。

4. 在和客户交谈中不要“油嘴”

所谓的“油嘴”，就是说话油滑，毫无止境地胡乱幽默。谈吐幽默是一种高尚的教养，在适当情境中，使用幽默的语言讲话可以使人们摆脱拘束不安的感觉，变得轻松而愉快；此外，它还兼具使人获得审美快感、批评和讽刺等多重作用。

可是，幽默要区分场合与对象，要顾及自己的身份，如果到处都喜欢“幽他一默”，很有可能会“沦落”为油腔滑调，招致客户的反感。

5. 在和客户交谈中不要“贫嘴”

所谓的“贫嘴”，就是爱多说废话，爱乱开玩笑。爱耍“贫嘴”的人，有事没事都会拿客户来调侃、取笑、挖苦一通；不是没话找话，就是话头一起絮絮叨叨。耍“贫嘴”的人，既令人瞧不起，又让人讨厌，在和客户交谈的过程中一定不要“贫嘴”。

6. 在和客户交谈中不要“争嘴”

所谓的“争嘴”，就是喜欢跟别人争辩，喜欢强词夺理。这样的销售人员一般都自以为“真理永远在自己手中”，自己永远正确，即使没理也会争三分，得理不饶人。这种人是不受客户欢迎的，销售人员最好不要做这样的人。

7. 在和客户交谈中不要“刀子嘴”

所谓的“刀子嘴”，就是说话尖酸刻薄，喜欢恶语伤人。每个客户都有自己的隐私，当客户有意回避不谈时，作为销售人员不该“打破沙锅问到底”。每个人都有自己的短处，都不乐意将之展示于人，不能在交谈时

“哪壶不开提哪壶”。

俗话说：“良言一句三冬暖，恶语伤人六月寒。”如果销售人员其口似刀，处处树敌，时时开战，就会触犯生意人“和气生财”之大忌，必然会因自己的缺点而酿成不良后果。

“等等，听我说……”——不要贸然打断客户的话

不打断别人的谈话是一种有素养的表现，不打断客户的谈话是销售人员应该具备的基本素质，也是对客户的一种尊重，更是对自己工作的尊重。在客户正津津有味地讲述自己的看法时，一定不要不合时宜地说：“等等，听我说……”

英国哲学家培根曾说过：“打断别人，乱插话的人，甚至比发言冗长者更令人生厌。”打断别人说话是一种非常无礼的行为。每个人都会有情不自禁地想表达自己的时候，但假若不去了解别人的感受，不分场合与时机，就去贸然插话或抢接别人的话头，这样往往会扰乱他人的思路，引起对方的不快，有时甚至会产生不必要的误会。

如果你的目的是为了销售产品，而客户的目的仅仅是为了表现一下自己，销售人员就要为客户创造一个环境，让客户表现一下自己，学会做一个倾听者。

1. **培养积极的倾听态度**

要站在客户的立场考虑问题，了解客户的需求和目标。销售人员应该反问一下自己：既然客户都有耐心倾听我对产品的介绍，我又为什么没有耐心倾听客户对需求的陈述呢？将客户的陈述当作是一次市场调查也是相当不错的主意。

同时，要保持宽广的胸怀。不要按照自己想要听到的内容来做出判

断，对客户的陈述不要极力反驳，以免影响沟通的正常进行。

2. 让客户把话说完

急于打断客户的话是不礼貌的行为，也会让销售人员和客户之间竖起一堵墙。即使你不同意客户的某些观点，也不要急着打断他的话，一定要耐住性子听他说完，如此才能知道他抗拒你的真正想法。

不要打断客户的谈话，客户也没有时间整天对你这样说下去，他的倾诉也是有限度的，应该让客户把话说完，让他把自己的需求说清楚，如此才能依照客户的表述来决定自己该说什么和怎么说、该做什么和怎么做。

3. 不要抵制客户的话

在与客户沟通的过程中，让客户适当地表现一下自己是相当必要的。有些客户有很强的表现欲，即使他们对所购买产品的知识一无所知，也希望表现出来自己的专业。销售人员要适当地向客户的表现表示赞同或者认可，千万不要当面指出客户知识上的缺陷或表述上的漏洞，否则很容易让客户感到不愉快，因而中断成交。

即使客户采取批评的态度，销售人员也应该请客户把话说完，以便找到可以解释的地方。一味地抵制客户，只会让客户对你的话也采取抵制态度。

4. 站在客户的立场上想问题

客户的诉说是有理由的，不会平白无故也不会不着边际，关键问题是销售人员如何理解客户的诉说。销售人员该从客户的诉说中找到客户的隐情，采取有针对性的推销。此外，聆听客户讲话，销售人员必须做到耳到、眼到、心到，同时还要辅之以一定的行为和态度。倾听技巧归纳如下：

①身子稍稍前倾，单独听客户的谈话，这是对客户的尊重。

②注视客户的眼光，不要东张西望。

③面部要保持很自然的微笑，适时地点头，表示对客户谈话的认可。

④适时而又恰当地提出问题，以配合对方的语气来表达自己的意见。

⑤可以通过巧妙地应答，将客户的谈话引向所需要的话题。

“不是您说的颜色”—— 给客户留面子

每个人都是爱面子，客户也是这样！当客户的言行有什么不妥时，千万不要当面直接指出来，这样客户会感觉没有面子，应该采取尊重客户的做法，让客户心里明白你是尊重他的，只有这样，销售工作才能顺利进行。

销售人员处在销售链的终端，直接与客户打交道，其服务质量的好坏与营销业绩息息相关，要想学会与客户打交道，真正贯穿以客户为中心的思想，就要充分考虑客户的“面子”，利用“面子”的积极作用来创造价值和财富。

下面这样的对白就是不合适的：

顾客：“这件蓝色的好。”销售人员：“你色盲啊！不是你说的颜色！”

顾客：“这件衣服的款式不错！”销售人员：“你这么胖，不适合你！”

顾客：“这本书挺好！”销售人员：“这是2009年出版的，怎么不买最新版的！”

销售商品时，销售人员切忌指责对方，必须为客户保全“面子”。为了做到这一点，销售人员可以这样做：

1. 态度温和

每个人都好面子，如果你让客户失尽面子，你就不会从客户那里得到什么好果子。客户都是喜欢销售人员在人多时候用态度温和、言语轻柔带着一种尊重跟他述说，不喜欢被别人当场指正，在众人面前失去可信，所以销售人员应该避免在众人面前纠正客户。

如果客户确实错了，销售人员应该等到没人的地方再跟客户进行述说，如此不仅可以保全客户在众人或者消费者面前的面子，也不会影响到客户今后的生意。客户一般都懂得“你敬我一尺，我还你一丈”的意义，如果销售人员保全客户面子，他们也会非常尊重你。

2. 肯定客户

有时，为了指导客户的一些经营方式，销售人员会直接指出客户经营中这里不行那里不行等，如此就会让客户觉得你在贬低他们、抬高自己，反而会得到不好的效果，也有可能适得其反。所以，在指导客户时，销售人员应该对客户的一些地方进行肯定和赞许，可以用一些建议性语气，如“我觉得……”“我想……”等来提醒客户进行改正，如此客户会非常虚心地接受你的建议，同时也保证了客户的面子。

3. 把握机会

客户都是爱面子的，都喜欢在别人面前展现所长。拜访的时候，如果客户正在和消费者聊天，销售人员应该把握机会，抓准时机，抬高客户，加深客户在消费者中的印象。所以，销售人员应该抓准机会在别人面前推荐客户所长，让客户对你刮目相看。

4. 不轻易许诺

俗话说：“君子一言，重于泰山，许下的诺言必须实现，否则还是不许诺的好。”有时候，销售人员对客户许下了承诺，而客户又对别人夸口你能给予他们什么，结果你却无法兑现承诺，就会让客户在别人面前丢失面子。所以，对于没有把握的事情，销售人员不要轻易许诺，要保全客户面子。

“你就是不对”—— 聊天也需要技巧

掌握聊天技巧的销售人员往往能很快地拉近与客户的距离，从而在融洽的气氛中做好工作。如果你没有掌握聊天的技巧，工作自然就不会一帆风顺。如果在顾客聊天的时候，直接否定他，比如，你就是不对，更会引起对方的不满，致使交易失败。

想要当好一个销售人员，就必须学会和客户聊天。聊天是你的绝妙口才大显身手的另一个时机，有经验的销售人员都会在访问客户的过程中安排“聊天”的部分，因为这样可能促使宾主两相欢。

聊些什么？其实，和客户聊天的话题选择是有顺序的，销售人员完全可以根据下面这个顺序去寻找你们的共同语言，不要把顺序颠倒了，因为越往后的话题，风险越大。这个顺序是：气候、嗜好（兴趣）、新闻、出差或国外旅行的见闻、功名、家庭、经济形势、性、工作。但是具体运用起来还是要注意一些细节的。

1. 天气变化

“昨夜的台风好大呀！贵公司有没有受到什么损失啊?”这样的聊天开场，除了把气候当话题之外，还可以让对方感受到一股暖流，是一个不错的选择。

2. 嗜好（兴趣）

这是最好的题目之一。客户千变万化，要应付这么多客户，销售人员就要准备多方面的嗜好。当然也不必把那些东西当作嗜好，只要做个广泛的了解即可，当和客户聊起来的时候，自己不至于太无知。

此外，必须保持与客户同一步调，不要批评客户的嗜好。例如，客户喜欢在大海里游泳，就不能说：“哎呀！你还是不要去海里游泳，一旦有风浪，很危险的，万一把你卷进去怎么办！”应该说：“在海里游泳？简直太好了！我也喜欢！”

3. 新闻

如果把昨天的新闻拿出来讨论，同样也可以引起客户的好奇。当然，获取新闻的途径有很多，如报纸、电视、网络等。但是，聪明的销售人员一般都懂得运用网络了解客户更感兴趣的其他话题。从互联网上，尤其是客户公司的网站，你会找到许多丰富的好话题。

4. 功名和家庭

如果客户是上任某公司的理事长，你该向他道贺；如果客户的儿子金榜题名，你也应该率先前往道贺。在进行商务洽谈之前，可以找个机会聊天，但不要忘了把这些事情提出来，让他高兴，如此才能迅速拉近彼此间的距离。

5. 经济形势

经济形势好转时，一定要善于利用一些时下流行的经济话题。而在经济形势不好的时候，如果客户问你：“你们公司景不景气啊？”你也一定要说“不错，还好”，绝对不能在客户面前抱怨，否则客户会认为，既然不景气，你还来做什么业务？

6. 饮食

这是最能够吸引人的话题。喜欢听这种话题的人很多，喜欢以这种主题为话题的人更多。但是，必须注意分寸。比如，要看人说话，如果对方喜欢，你就随便聊聊；如果对方不喜欢，就不要提。

7. 工作

工作是最不好谈的，不要问客户工作的详细内容，他也不一定会告诉你。尤其是有关他的收入、他负责的业务的收益，以这些内容为话题，人家会觉得你是在打探情报，更不要指望他会告诉你了。其实，只要他高兴，并且愿意和你签合同，这些内容你知不知道并不重要。

“这个要求我无法满足”——不给客户开空头支票

在具体的沟通过程中，如果客户提出的要求是合理的，同时确保自己可以通过努力满足客户的要求，而且这些承诺有利于促进交易的实现，就可以做出承诺。但并不是对所有的客户都要进行承诺。

对于不能确保兑现的客户要求，应该坚持“谨慎许诺”的原则，依照当时情形进行灵活处理，比如保留5%的余地。

如果客户提出的某些要求实现的概率很低，而客户又不十分坚持，最好不要许诺，直接告诉对方“这个要求我无法满足”。要尽可能地说服客户减少这方面的要求。

如果客户坚持某项要求，而且通过一定的努力有可能实现，可以对其进行比较委婉的承诺，但是要同时告知客户可能会出现的其他情况。

在面对客户的要求时应该有选择、有技巧地进行承诺，这种情况下，应该注意以下几点：

1. 承诺时的表现要坚定

如果确定可以向客户进行承诺，就要表现出真诚的态度和坚定的语气，不要支支吾吾，更不要唯唯诺诺。一旦在承诺过程中表现得不够坚定、真诚和信心十足的话，客户就会对承诺的内容产生怀疑，进而对此次沟通产生不满。

2. 不能满足的需求不做承诺

如果已经确定客户的某些需求无法给予满足，就千万不要轻易进行承诺，可以直接告诉他：“这个要求我无法满足。”

这时，可以采用其他辅助手段淡化客户这方面的需求，或者真诚地向客户表明你的难处。例如："我知道，您希望货物最好能在一个星期之内到达，虽然我们现在车队运力比较紧张，但我们还是会尽量争取按时送货上门……"

如果这样仍然无法使客户改变要求，宁可失去一次交易成功的机会，也不要失去最基本的信誉。失去一次交易也许有些可惜，但是如果失去了最基本的信誉，那以后就可能再也没有挽回客户信任的机会了。

怎样跟进客户才不冰冷

怎样跟进客户呢？

1. 客户资料分类清晰

最广泛、最实用的一种分类是按客户的意向分为潜在客户、意向客户和成交客户三大类。当然按个人习惯，也可分为A级、B级、C级等。但要注意的是，如果按A、B、C等级来划分客户，必须要有明确的、可量化的标准来判断客户属于哪个级别。如果有必要，对不同类型的客户，则要采用不同的笔记本来记录。

2. 制定跟进规则

比如，每天要积累多少新的客户？评价客户质量的标准是什么？第一次联系要说些什么？对潜在客户、意向客户、成交客户要保持怎样不同的联系频率？记录哪些不同的信息？需要投入多少时间成本？联系的目的及内容是什么？哪些需要重点跟进？

3. 及时客观地记录跟进过程

不论你是通过电话联系客户，还是面对面拜访，不管客户有无意向，都应该快速把对方的情况记录下来，同时还要准备一个记录平时工作零碎信息的本子。

对客户有效信息的捕捉和累积可以帮助销售人员从中找到规律，而对客户需求和沟通的记录可以找到销售的突破口，也为自己以后的工作计划安排提供了依据。

4. 定时跟进客户状态

定时总结自己手上的客户和跟进情况是客户资源整理很重要的一环。销售人员每天要留出时间来对零碎的工作进行归纳总结，把有用的即时信息变成客户本上的真正资源。定期浏览潜在客户本里的跟进记录，可以帮助你发现意向客户，维护好客户关系。

5. 借助有效的客户资源整理工具

销售人员可以分散地借用多个工具来协助你进行客户记录和资源整理，比如，一个笔记软件、一个提醒软件等。当然，也可以用好“笔头销售云笔记”这样整合型的客户资源整理软件工具，统一记录和管理你的客户资源和跟进情况。

第九章

不要忽视了最后的交易促成

对于销售人员来说，订单来了就一定要好好把握，没有订单的日子是难熬的，如果订单来了而没有成交，那该是多么痛心的一件事情。当客户出现购买信号的时候，我们就要懂得抓住时机，运用销售技巧中的促成技巧让你的订单落实。

“没有万一”—— 鲍威尔成交法

有些客户本来相信你的产品质量和服务非常好，也相信如果作出购买决定会对他们的业务产生很大的帮助，可是他们却迟迟不作购买决定。他们总是前怕狼、后怕虎，对于他们来说，主导他们作决定的因素不是购买的好处，而是万一出现的失误。也就是说，这“万一的失误”使他们不敢承担作出正确的购买责任。其实，对于这样的顾客，完全可以采用“鲍威尔”成交法。

所谓鲍威尔成交法是指，利用美国国务院鲍威尔曾经说过的话（拖延一项决定比做错误决定浪费更多美国人民企业政府的时间和金钱，而我们今天讨论的就是一项决定，是吗?）来给对方压力，促成交易。

这种顾客一般都性格软弱，总需要听取别人的意见，自己却不敢拿什么主意，需要别人替他作出购买决定。面对这种顾客，推销人员必须主导整个推销过程，千万不要不敢为你的客户作决定，因为你的决定可能就是客户的购买行为!

当顾客喜欢某个产品，但习惯拖延做出购买决定时，销售人员该怎么办?

美国国务卿鲍威尔说过，拖延一项决定比不做决定或做错误的决定，让美国损失更大。现在我们讨论的不就是一项决定吗?

假如你说“是”，那会如何?

假如你说“不是”，没有任何事情会改变，明天将会跟今天一样。

假如你今天说“是”，这是你即将得到的好处：1. ……；2. ……；3. ……。显然，说好比说不好更有好处，你说是吗？

“我看您就是买不起”—— 激将成交法

所谓激将成交法，就是推销人员用激将的语言刺激顾客购买，促成交易。这种方法利用了顾客自尊心强、要面子的心理，刺激顾客的购买欲望。

在一家商店里，一对外商夫妇对一只标价8万元的翡翠戒指很感兴趣。售货员作了些介绍后说：“×国总统夫人也曾对它爱不释手，只因价钱太贵，没买。”这对夫妇听了此言，欣然买下。

顾客的购买动机都是不同的：有的讲究“实惠”，有的追求“奇特”，有的出于“炫耀”“斗胜”的目的。显然，在售货员的刺激下，这对夫妇想以此表明自己比总统夫人更阔气。

当你与客户交谈之后，很多时候，虽然有的客户有购买产品的欲望，但却犹豫不决，始终拿不定主意。面对这些顾客，如果想促使他们下决心购买，成功成交这笔订单，就可以利用他们的好胜心或自尊心，运用激将法促使他们迅速签单，比如：“我看，你就是买不起！”

虽然这样说话太过直接，可是效果却是异常明显的！优秀的销售人员一般都懂得运用这种促成订单的技巧，因为它简单而有效，我们也可以借鉴这种销售手段进行销售。

1. 准确把握客户的心理变化

如果想把激将法用到极致，必须准确地把握好客户的心理变化。要知道，只有对具有自尊心、虚荣心和好胜心较强的客户，才可能激发起他们的购买欲望，否则是很难取得理想的效果的，很难起到激将的作用，甚至还有可能因激怒客户而丢失一笔原本有希望的单子。

除此之外，在促成订单时，销售人员也可以根据具体的销售氛围，采用不同的方式去激励自己的客户。

2. 不能说伤害客户自尊心的话

作为销售人员必须知道，客户始终拥有成交的最后决定权，即使采用激将法“逼迫”客户签单，最后促成了这笔交易，但客户却依然可以事后来退货。因此，在销售人员用语言激客户购买时，一定要以不伤害他的自尊心为前提，否则不但会丢失这笔交易，还有可能丢掉以后的交易；在使用这种方法进行销售的时候，一定要把握好分寸。

3. 要自然流露，不能夸大其词

在销售的过程中，采用激将法促成订单时，一定要注意自己的态度和表情，要自然地流露出来，绝不能为了达到效果而夸大其词，否则，很容易让客户看出你是在“激”他，进而产生逆反心理，最终导致交易失败。

“很多人都买了这一款产品”—— 从众成交法

“从众”是一种比较普遍的社会心理和行为现象，也就是人们常说的“人云亦云”“随波逐流”。大家都这么认为，我也就这么认为；大家都这么做，我也就跟着这么做。在消费过程中，客户的从众心理也是十分常见的。很多人都喜欢凑热闹，当看到别人成群结队、争先恐后地抢购某商品的时候，也会毫不犹豫地加入到抢购大军中去。

当然，这种心理也给销售人员推销自己的商品带来了便利！销售人员可以吸引客户的围观，制造热闹的行情，引来更多客户的参与，制造更多的购买机会。例如，对客户说：“很多人都买了这一款产品，反响很不错!”这样的言辞就巧妙地运用了客户的从众心理，使客户心理上得到了一种依靠和安全保障。

即使销售人员不说，有的客户也会在销售人员介绍商品时主动问道：“都有谁买了你们的产品?”意思就是说，都有谁买了你的商品，如果有很多人用，我就考虑考虑。这也是一种从众心理。

一般来说，客户在购买产品时，不仅会考虑自身的需要，还会顾及社会规范，服从社会的某种压力，并以大多数人的行为作为自己行为的参照。从众成交法正是利用了客户的这种心理，营造了一种众人争相购买的气氛，促成客户迅速做出购买决策。运用从众成交法促成交易时，应注意以下几个方面的问题：

1. 用具体的实物加以证明

销售人员在向客户做介绍时，最好在推销现场向客户出示实物证明，比如，合同文本、用户感谢信等，提高客户对产品的信赖和购买兴趣，增强客户交易的信心。

2. 所列举的人物要与产品有关

运用从众成交法促成交易时，销售人员所列举的人物、事迹、经验必须与推销的产品有密切的关系。

3. 找知名人物或权威人士

销售人员向客户列举的人物不能任意虚构，应为公众所熟悉，最好为客户所崇拜，倘若推销工作没有通过名人、明星、专家、教授、官员、领袖等人物做说服宣传，必然会降低客户的从众心理。

4. 把重点放在重要客户上

销售人员可以寻找具有影响力的重要客户，把推销重点放在说服重要客户上，在取得重要客户合作的基础上，影响、带动和号召其他客户购买。

5. 讲究职业道德

运用从众成交法时，要讲究职业道德，不要欺骗客户。

“原价880元的裙子只卖690元”——比较成交法

有这样一个例子：

> “五一”期间，商场推出了一系列优惠活动，一位顾客走进商场，销售人员迎上去说：“欢迎光临。”顾客拿起一条裙子，销售人员见状走上前，说：“这条裙子是刚上的新货，也是我们商场重点推出的商品之一，是今年最为流行的款式，您可以试一试。而且，‘五一’这几天有优惠活动，原价880元的裙子只卖690元，而且这是最后一条，机会难得啊！”

这个案例中，为了推销产品，销售人员将裙子的价格前后做了比较，相信成交的机会是比较大的，这就是典型的比较成交法。

所谓对比成交法，是指列举不同时间、不同前提条件和不同地点的成交方式或产品，将其与现在的销售方式或产品做对比，突出现在购买的优势，激发客户的购买欲望。当人们把两件事情拿到一块进行比较时，经比较后的差别要比在比较之前大。

在销售中，销售人员也可以运用这种比较心理来促成成交。例如，当客户在询问产品报价时，销售人员可以先给对方介绍一下同行业中报价较高的同类产品，然后再把自己的产品价格告知对方，同时也可以和自己公司同一类产品不同的报价进行比较。

> 当对方询问产品报价时，销售人员可以和对方说：“××经理，

我们这次公开的收费标准是这样的：在本月15日之前，并同时有超过10人一起报名的，可以享受8折优惠，即每个人只需1600元。15日之后报名的没有优惠，即每人2000元。今天是13日，您现在报名的话，还可以享受优惠。请问贵公司派几位过来，我马上就给您登记。”

比较成交法能有效地强调产品的价格优势，刺激客户的购买欲望；通过价格对比，可以有效地制止客户讨价还价的欲望，缩短成交的时间，提高成交效率。这种成交方法比较适合同质性比较强、在品质方面差异不大的产品。

在使用比较成交法的时候应该注意以下几点：

1. 努力证明产品的竞争优势

前期在进行产品介绍的时候，销售人员要努力证明你的产品的竞争优势、差异优势，形成客户高度的购买欲望，如此效果才会更好。

2. 突出产品的强项

如果产品没有差异优势，应该和客户说清楚，市场上本类产品的同质性强，大家都差不多。如此，产品的价格优势才有竞争力，才能让客户愿意购买。

3. 适用范围广泛

这种方法不仅可以运用在不同种类的竞争产品上，也可以运用到所推销产品的自身。比如，可以将促销期产品价格与正常销售期产品价格做比较，促使客户在促销期大量订货。

“A公司……而我们……”——富兰克林成交法

富兰克林说服法是从理智上打动顾客的好方法，优秀的销售人员一般都善于运用这种方法打动顾客。该方法的核心内容是，销售人员把顾客购买产品所能得到的好处和不购买产品的不利之处一条一条地列出，用列举事实的方法增强说服力。

郭小姐：“我手里还有其他公司的产品，我感觉那家公司的产品不错。”

销售人员：“对郭小姐我是非常了解的，您是那么好学的人，您手中的那套产品是××公司出版的，只是一个人主讲的。而我介绍的这套课程是很多专家主讲的，里面集中了很多专家的精华。A公司一套课程卖2800元，只有10个光盘；而我们这套课程也卖2800元钱，共有光盘24，您想，是不是这套课程物超所值。”

郭小姐：“是。”

遇到这样的情形，就可以立即成交。

富兰克林成交法又称理性分析成交法，是鼓励潜在客户去考虑事情的正、反面，突出购买是正确选择。在面临作决定的关键时刻，很多顾客都会显得有些犹豫不决。这时，你就可以拿出一张纸，将购买产品的优点写在左边，不买这种产品的缺点写在右边，然后让顾客对优缺点一一进行分析；你只要在一旁帮助顾客记忆优点就可以了，缺点由顾客自理。

富兰克林成交法的基本做法是：在一张纸上画出两栏，呈“T”字形，左边表示肯定，右边表示否定。即把购买某产品的一切好处按照轻重缓急进行排序写在左栏，将客户感知到和可能感知到的不利点写在右栏，让客户看哪边理由充分而作决定。

这份利弊卡有两种写法：一是买卖双方各写一份；二是销售人员写肯定，客户写否定。如此，便于客户进行利弊比较，增强说服力，特别是书面写下这些信息时，能让客户感觉到销售人员只是代表他把他的评估比较客观地写在上面；同时，在时间和信息有限的情况下客户不可能突然想出太多的否定因素，有利于卖方。

表面上看起来，这种理性分析交易比较繁杂，其实却可以有效打动顾客的心，尤其是对那些犹豫、尚不知如何是好的顾客更需要用这种方法帮他作决定。如果遇到了果断性和分析型的客户，可以使用这种方法；如果你已经和客户有了多次接触、彼此间建立了一些人际关系，采用这种方法更能让客户坚定购买的决心。

“就是我们所谓的一分钱一分货”——“一分钱一分货”成交法

在推销中，价格一般都会被顾客提起。不过挑剔价格本身并不重要，重要的是在挑剔价格背后真正的理由。因此，每当有人挑剔你的价格时，最好不要和他争辩。相反，应当感到高兴。因为只有在客户对你的产品感兴趣的情况下才会关注价格，你只要让他觉得价格符合产品的价值就可以成交了。

突破价格障碍并不是什么困难的事情。如果客户太过重视价格，老是在价格上绕来绕去，就可以试试下面的办法：

销售人员：“××先生，请问您是否曾经不花钱买到过东西？”客户可能会否认，但是免费的东西总有其吸引力。

销售人员再问：“××先生，您曾买过任何便宜货，结果品质却很好的东西吗？”客户可能会承认，他从来就不期望自己购买便宜货后来都很有价值。

销售人员再说：“××先生，您是否觉得一分钱一分货很有道理？”（这是买卖之间最伟大的真理，当你用到这种方式做展示说明时，客户几乎都必须同意你所说的很正确。)

之后，销售人员可以用这些话结尾：“××先生，我们的产品在高度竞争的市场中，价格是很公道的，我们可能没办法给您最低的价格，而且您也不见得想要这样，但是我们可以给您目前市场上这类产品中可能是最好的整体交易条件。”

接着说：“××先生，有时以价格引导我们作购买决策，不完全是有智慧的。没有人会为某项产品投资太多，但有时投资太少，也有它的问题所在，投资太多，最多您损失了一些钱；投资太少，那您所付出的就更多了。因为你所购买的产品无法带给你预期的满足。在这个世界上，我们很少有机会可以以最少的钱买到最高品质的商品，这就是经济的真理，也就是我们所谓的一分钱一分货的道理。”

这样，客户就会觉得你是一个诚实爽快的人，必定会了解你的价格无法减让。

“你先合计一下成本，有意向可以找我”——欲擒故纵式成交法

欲擒故纵策略是一种志在必得的交易谈判，故意通过各种措施，让对方感到自己是满不在乎的态度，从而压制对手开价的胃口，确保己方在预想条件下成交的做法。

有这样一个例子：

一天，店里来了一个客户，说是要测试一个塑料样品的原料成分。销售人员问他：“你做测试的目的是什么？”客户说：“我手

上只有一个样品，在过去我找了很多材料做这产品，质量都达不到要求。现在是实在没办法了，想把这个合格的产品测试一下。对产品的要求是，放在零下30摄氏度的环境里24小时后再拿出来工作。”

销售人员告诉客户：“原料测试有两种方法：一是红外扫描，只能测出大概成分；二是定量分析。做测试在时间上不能很急，而且测试费也不便宜。你是改性塑料，即使测试出了结果，对你的帮助也不大。我们就是专门做这些改性塑料的，明天我先报个价格给你。要不，先给你一些资料拿回去看看。”

这样，客户先走了。第二天，销售人员就把价格报给了客户，说：“你先合计一下成本，有意向可以找我，试料在你明确下单后一星期之内提供给你。”一个小时之后，客户来电话说接受价格了，目前这个单子正在操作中。

在销售过程中，欲擒故纵是一种不错的方法。但是，对待客户，销售人员一定要真诚，不能要花招，也不要弄太多的噱头。否则，一旦客户识破了这些虚伪的东西，销售人员失去的就不仅仅是这个单子了，还会失去客户对你的信任，欲速则不达。

使用欲擒故纵策略最关键的是，务必使假信息或假象，做得足以让对方相信。人们通常有一种心理：越是偷偷得来的信息，其真实性越不容置疑。所以，最好通过非官方、非正式渠道传播，或第三方之口发布。

在欲擒故纵策略的做法上，务必使自己的态度保持半冷半热、不紧不慢的状态。例如，日程安排上不要太过急切；在对方激烈强硬时，让其表现，采取“不怕后果”的轻蔑态度等。当然，还有一些事情是需要注意的：

1. **重点在“擒”**

立足点在于“擒”，因此在“纵”时应积极地“纵”，也就是说，要在“纵”中激起对手的成交欲望。可以采用的激励手法有：一方面表现出自己的不在乎，利益关系不大；另一方面要尽可能地揭示对方的利益，处处为其着想，让其不愿被“纵”。

2. **给对方机会**

要在冷漠之中有意给客户提供机会。不过，要在客户等待、努力之后，再给他机会与条件，让其感到珍贵。

3. **把握好分寸**

销售人员要注意自己的言谈与分寸，讲话要掌握好火候。“纵”时的用语，应有尊重对方的成分，切不可羞辱对手；否则，客户就会转移谈判焦点，使“纵”失控。

销售促成方法

掌握了促成的销售方法，工作做起来就能事半功倍。要想快速签约，就要灵活应用以下的技巧。

1. **给客户描绘出一幅使用后的美好画面**

汇总法的运用比较普遍，其要点就是：跟客户深入分析产品的优势以及产品可以为客户带来的利益，给客户描绘出一幅使用后的美好画面，比如，使用你的产品可以提高工作效率、降低企业成本等，一旦获得了客户的认同，就直接把合作要求抛给客户。

2. **做出让步，达到客户的要求**

有些客户比较刁钻，会让销售人员按照他的要求提供产品和服务，而不是标准的产品和服务。这时候你要做的就是，确定你是否可以克服相应的困难，做出一定的让步，达到客户的要求。如果你确实可以满足客户的需求，就可以借此来说服他。如此，你的销售工作也就获得了胜利，另外，客户也以自己的方式（要求）拥有了相应的产品和服务。

3. 让客户在几个方案中选一个

如果在前期已经抛出了2~3个合作方案，想方设法“威逼”客户从中选择一个成交，这时候就可以采用威逼法。在前期的时候，可以把客户的需求和你的供应都说明白，然后让客户在几个方案中选一个，最后发合同过去签约。如果客户依然不确定，说明客户是有异议的。

需要注意的是，提供给客户的选择方案必须是对销售工作有利的，否则，给自己带来很多无谓的烦恼。如果想有备无患，就要给客户多提供几个方案。因为一旦你的方案被客户一口否决，你就没有太多的回旋余地了。

4. 放低姿态要求客户帮忙

当销售人员用尽了各种方法依然无法成交时，可以采用哀兵策略。通过多次沟通，销售人员已经和客户建立了不少的交情，这时候只要销售人员放低姿态要求客户帮忙，一般都可以让客户说出真正的异议。

知道了真正的异议，销售人员就能确确实实地掌握住客户的真正想法了。只要能将这个真正的异议化解掉，销售人员的处境也会出现180度的戏剧性大转变，订单也会轻易取得。

5. 利用回扣的方法诱导客户成交

没有利益的驱使就没有市场经济的繁荣，要想将市场搞活，就得以相互满足彼此利益需要为前提，促使协议的达成。如果客户比较“贪婪”，就要很好地把握住客户的心理需求，利用回扣的方法诱导客户成交，主动出击，暗示对方。如果对方有正面的反应，就有机会了。

需要注意的是，这种诱导一定要在对客户心理分析、拿捏到位的情况下使用，要用对地方、用对人，而且要用对时机。此方式不提倡使用，如果确实需要使用，一定要灵活！

6. 假借他人做出暗示

这种方法以“拿走”的方式出现最有效，要给顾客做出暗示：你的经理或老板很难同意客户的要求。但是，要想取得有效的效果，首先客户必须渴望得到这件产品。也就是说，要先制造一种对产品的需求或渴望，然后告诉客户他不能得到，故意把它拿走。这样做会对客户产生两个效果：首先，他对这种产品的需要更加强烈；其次，能制造“现在就买”的紧迫感。

7. 举一些客户同行业正在与你合作的例子

大多数人都愿意把自己说成是某件事的开拓者，可是，很少有人愿意向未知迈出第一步，成功的道路往往是别人已经走过的。面对产品持怀疑态度的客户，可以采用这种方法。在和客户沟通的时候，为了让他早点签单，可以举一些客户同行业正在与你合作的例子，引起客户的紧张感。

8. 让客户感到占上风

当客户快要被说服了，但还有一些动摇，需要一点外力时，运用这种方法比较合适。但不能让步太多，而且要注意让步技巧，否则会表现出自信不足，放弃购买。一般情况下，就算销售人员自己完全清楚可以让步，也要讲求让步策略。只有让客户感到占了上风，他才会同意购买，促成交易的成功。

9. 将选择缩小到只有两个

当客户的选择太多、拿不定主意时，需要控制住局面时，就可以使用排除法，将选择缩小到只有两个；之后，在以后的谈话中，都不要再提已经排除过的东西；最后，重点对适合客户的两个选择做出分析，突出你方产品与服务才是最适合客户的。

10. 反问他，把问题还给客户

如果你站在一块镜子前面微笑，镜子里的人也会冲你笑，反问策略应用的就是这个原理。当客户提出一个问题，或发出异议时，你可以反问他，把问题还给客户。为了证明异议，客户就会回答自己提出的问题，或者告诉你他需要的成交信息。

11. 博取客户的同情

在尝试多种成交技巧后，如果你费尽口舌都不能打动顾客，就可以使出“博取同情”法，态度诚恳地说：“××经理，虽然我知道我们的产品绝对适合您，可我的能力太差了，无法说服您，我认输了。不过，在告辞之前，请您告诉我您不购买的原因，让我有一个改进的机会好吗?”“也请您指出我在与您的沟通过程中有哪些不足，好吗?”

这种谦卑的话语，不但很容易满足顾客的虚荣心，还容易消除彼此之间的对抗情绪。顾客会一边指点你，一边鼓励你。为了给你打气，有时会意外向你购买产品。

第十章

提高服务质量赢得新客户

服务质量是营销的后勤保障，决定着客户发展的趋势，决定着会员队伍的兴衰。服务是营销的基础，而服务质量则是营销的核心。无论是有形产品还是服务，服务质量都是赢得新客户的法宝。

“您说得一点也不错……但是……”——理解并倾听客户的抱怨

有这样一个案例：

李丹是××品牌手机的销售人员。这天，一位客户走近李丹的柜台，经她的介绍选中了一款手机。就在李丹准备确认客户是否购买并为客户开具交款单据时，客户却打住了李丹的销售行为。

“您还有什么问题吗?”李丹问。

“这款手机是金属外壳吗?”顾客反问。

李丹回答说：“部分是，为了造型美观，厂家对部分细节做了特别处理，采用了特殊的材质，这样既不影响手机质量，又可以让手机更美观，今年很流行这种款式。”

顾客接着问：“金属外壳的同一档产品也都不到2000元吧，这款要卖到2000多，有点贵吧?”

李丹说：“您说得一点也不错，2000元的确不是一笔小数目。但是，您想没想过，这东西不是一天两天、一年两年就能用坏了的。一般情况下，用个十年八年没有问题，就假定它只能用五年吧！一年平均400元，每一天平均不到1.5元。这样一天分摊的费用不能算贵吧！我想，您赚的钱支付它是绰绰有余的。”

在这个案例中，李丹先承认了客户的说辞，让他的心理得到了满足；然后，又给他算了一笔账，不算不知道，一算就明白了，原来2000元整体看是个大数目，但一化整为零，就不显得多了。于是，客户心安理得地掏出了钱包。

当顾客向你投诉时，不要把它看成是问题，要把它当作是天赐良机。俗话说得好："抱怨是金。"当顾客抽出宝贵的时间带着他们的抱怨与你接触时，也免费向你提供了应当如何改进业务的信息。

1. **了解顾客抱怨的处理原则**

处理顾客抱怨的原则有两条：

（1）顾客始终正确

这是非常重要的观念，有了这种观念，销售人员才会用平和的心态来处理顾客的抱怨。这包括三个方面的含义：

第一，应该认识到，有抱怨和不满的顾客是对企业仍有期望的顾客；

第二，对于顾客抱怨行为应该给予肯定、鼓励和感谢；

第三，尽可能地满足顾客的要求。

（2）如果顾客有误，要参照第一条原则

顾客与销售人员的沟通，一旦出现障碍很容易产生误解，即便如此，销售人员也决不能与顾客进行争辩，否则只会让你失去顾客与生意。

2. **掌握顾客抱怨的策略**

当顾客投诉或抱怨时，不要忽略任何一个问题，因为每个问题都可能有一些深层次的原因。顾客抱怨不仅可以增进销售人员与顾客之间的沟通，还可以诊断企业内部经营与管理所存在的问题，利用顾客的投诉与抱怨来发现企业需要改进的领域。

（1）认真分析顾客抱怨的原因

有的顾客在商场购物时，对于购买的产品基本满意，但是发现了一个小问题，提出来替换，但是有些销售人员就会不太礼貌地拒绝，这样顾客就会抱怨、投诉产品质量。其实，在顾客的抱怨中，更多的是售货员服务态度问题，而不是产品质量问题。

对于顾客的抱怨，销售人员应该及时正确地处理。一味地拖延时间，只会使顾客的抱怨变得越来越强烈，只会让顾客感到自己没有受到足够的重视。

（2）将顾客抱怨与解决的情况记录下来

对于顾客的抱怨与解决情况，要做好记录，并且要定期总结。在处理顾客抱怨中，如果发现了问题，就要及时通知生产方；如果是服务态度与技巧问题，则要向管理部门提出，加强教育与培训。

（3）追踪调查顾客对于抱怨处理的反映

处理完顾客的抱怨之后，要与顾客积极沟通，了解顾客对于企业处理的态度和看法，增加顾客对企业的忠诚度。

3. 知道顾客抱怨的技巧

销售人员在处理顾客的抱怨时，不仅要依据处理的一般程序进行，还要与顾客沟通，改善与顾客的关系。因此，为了缩小与顾客之间的距离，赢得顾客的谅解与支持，是需要掌握一定的技巧的（见下表）：

技巧	说明
平常心	顾客抱怨时常常带有情绪或者比较冲动，销售人员应该体谅顾客的心情，以平常心对待顾客的过激行为，不要把个人的情绪变化带到抱怨的处理中
微笑	俗话说“伸手不打笑脸人”，销售人员的微笑能化解顾客的坏情绪。满怀怨气的顾客在面对春风般温暖的微笑时会不自觉地减少怨气，与销售人员友好合作，达到双方满意的结果

续 表

技巧	说明
从顾客的角度思考	在处理顾客的抱怨时，销售人员应站在顾客的立场思考问题："假设自己遭遇顾客的情形，将会怎么样做呢?"如此才能体会到顾客的真正感受，找到有效的方法解决问题
做个倾听者	大部分情况下，抱怨的顾客需要忠实的听者，喋喋不休的解释只会使顾客的情绪更差。面对顾客的抱怨，销售人员应掌握好聆听的技巧，从顾客的抱怨中找出顾客抱怨的真正原因以及顾客对于抱怨期望的结果
运用非语言沟通	在聆听顾客抱怨时，要积极运用非语言进行沟通，促进对顾客的了解。比如，注意用眼神关注顾客，使他感觉到受到重视；在他讲述的过程中，不时点头，表示肯定与支持。这些都会鼓励顾客表达自己真实的意愿，并且让顾客感到自己受到了重视

"你这个人怎么这样，什么东西……"——争吵只会让问题更糟糕

有些销售人员在面对愤怒的顾客的时候，本能地会去"战胜"顾客，会抓住顾客投诉中的问题反过来攻击顾客，为了一些无关紧要的事情和顾客吵得不可开交。可是，这种做法是非常没有礼貌的，当你赢得一场"战争"的同时，失去的可能不仅仅是一位顾客。这里有一段销售人员和顾客的对话：

销售人员："先生，您好，昨天您看了我们公司的跑步机，我想了解一下，您现在觉得怎么样？适合您吗?"

客户："某些功能倒是挺好的，只不过这种跑步机太占地方了。"

销售人员："昨天您不是说，您锻炼需要这个吗？这个跑步机真的很适合您！"

客户："不行，如果我买回去，以后会少很大一部分生活空间。"

销售人员："这才过了一天呀，您怎么突然就觉得不适合了呢？您开始不是非常想买这台跑步机吗？"

客户："可以跑步的路那么宽，这不用您操心。"

销售人员："外面环境污染太严重，我觉得您十分需要这台跑步机。"

客户："哼，这是什么道理，干吗非拉别人买你的东西！再见！"

销售人员："你这个人怎么这样，什么东西。"

与客户发生争执后，不论你是对的还是错的，结果都对你非常不利。最重要的是，你在失去一个客户的同时，也失去了很多潜在的客户，因为没有一个客户愿意花钱找罪受。

"永远不要跟我们的客户发生争执"，是销售人员在服务客户时应该记在心中的一句话。无论是争吵，还是更激烈的对抗，对销售人员来说都不是一种明智的选择。很少有人会在跟客户争执中获得好处，非要跟客户论出个是非曲直对增加业绩和利润并没有什么好处。

争吵只会让问题变得更糟！那么，如何来减少自己的愤怒情绪呢？

1. 将客户的抱怨记录下来

面对客户时，销售人员首先要冷静地记下客户产生抱怨的原因，询问事情的经过。等客户的情绪得到宣泄后，再予以处理。

2. 不要与客户争论

有一个著名的销售人员曾因为"当面指责客户的错误得到过深刻的教训"。他说："多少次销售失败，使我认识到，当面指责客户是一件多么可笑的事。销售人员即使可以赢得辩论，但销售人员推销的产品就销售不出去了。”

3. 耐心倾听客户诉说

在客户表达自己的意见时，销售人员千万不可中途插嘴；更不能在对方没说完时，就提出否定性的意见，这样只会让问题变得更加复杂。所以，必须先听完客户的话，接着再满怀诚意地作答。

4. 积极对待咨询投诉的客户

如果客户非常无礼，销售人员不用太生气，在无礼的客户面前讲风度，只能体现一个人的涵养，不会损伤到人格。当遇到客户的抱怨、意见或投诉的时候，销售人员可以遵守几个原则：①在与客户发生争执中永远没有胜者；②赢得客户的同情，把客户提出的意见看成是留住客户和改善服务的一个机会；③使客户的“面子”永远“正确”。

“我说过”—— 积极兑现服务上的承诺

对于客户提出的要求，要“少许诺，多兑现”。如果向客户进行了许诺，销售人员就一定要尽全力去实现，否则就会失去客户对你的信任。如果可以不许诺，要尽可能地减少对客户的承诺，即使是那些你很容易就可以做到的事情。

当你热情主动地为客户做了那些当初没有许诺的事情时，客户会感觉你做的事情超出了他们的期待，会使他们感到非常满意。而这种超出期待的满意情绪对你和客户今后的联系具有非常重要的意义。

不管在与客户沟通的任何阶段，销售人员都要对客户保持诚信。如果你欺骗了客户，他们迟早会有所察觉，一旦感觉到被欺骗，那你就永远别想从他们那里获利了。

1. 积极兑现自己对客户的承诺

自己承诺的事情一定要努力实现，这是成为一个诚信者的基本要求，也是销售人员必须具备的一项基本素质。要想成为一个令客户信赖和满意的销售人员，就必须兑现自己对客户做出的承诺，这也是销售人员的一项职责。

以下是一些客户对那些聪明的销售人员的评价，读完之后，相信你就会对这种意义有所了解了：

> “虽然×先生的产品价格并不比其他人的便宜，但是我仍然愿意向他购买产品，因为他总能在最后给我带来许多惊喜。”
>
> “那位销售人员不像其他销售人员那样善于言谈，不过我对他更放心一些，因为他为我做的事情要比那些夸夸其谈的家伙多得多。”
>
> “在购买过程中我忘了问销售人员是否可以随时调换，本来是抱着试一试的心理，可是我没有想到这么容易就可以调换产品了。”

2. 无法实现承诺时予以道歉和补救

如果销售人员已经向客户做出承诺，最终却无法兑现，不要想当然地认为“只要客户不加以追究的话，那就可以蒙混过关了”。这纯粹是一种侥幸心理！

既然客户要求你做出了承诺，就表明他们对承诺的内容比较关注，如果发现你最终没能兑现承诺，即使不加以追究，也会对你心生不满。如果销售人员再不及时予以道歉，并想办法加以补救，这种不满就会越积越深，最终达到难以调和的地步。

一旦发现无法兑现对客户许下的承诺，销售人员就要在第一时间向客户表示歉意；同时，要诚恳地说明承诺无法实现的具体原因；如果有可能的话，还要主动提出具体的补救措施。

> “×先生，对不起，我刚刚发现，最初答应给您的那款产品库存

不够了。如今，库里还有一批产品，质量和功能与您要的那款完全相同，只是颜色稍有差别，我们还可以另外赠送您一些零配件，您看……”

需要注意的事：

①在向客户表达歉意时，销售人员的态度一定要诚恳，不诚恳的道歉态度更会激起客户的不满。

②销售人员提出的补救措施必须委婉地向客户表示询问，必须在客户表示明确同意的前提下再予以实施，千万不可自作主张。

③在选择具体的补救措施时，最好选择那些让客户感到增值的服务性措施；必须要优于原先承诺的条件，否则仍会引起客户不满。

④要掌握一定的度，不要为了客户的一时高兴而不顾成本核算，最终造成“有交易、无效益”的结果。

“你平时选择什么样的白酒进店销售呢”——在服务中挖掘客户的新需求

客户的需求往往是多方面的、不确定的，需要销售人员去分析和引导，很少有客户，尤其是消费品的购买者对自己要购买的消费品形成了非常精确的描述。也就是说，当客户站在你的面前时，他对你的产品有了极大的兴趣但仍然不知道自己将要买回去的是什么样的。在这种情况下，就要增强与客户的沟通，对客户的需求做出定义，不断挖掘出客户的新需求。

有这样两个案例：

销售人员小孙：“您好，张经理！我们这个产品的包材和瓶型是国内一家知名的设计公司设计的，你看一下这款产品的包材非常漂亮，消费者一定会喜欢的。”

张经理：“这款产品的包材是很漂亮。”

销售人员小孙：“这款酒水是国家级白酒评委××研发的。”

张经理：“酒水确实不错！”

销售人员小孙：“销售这款产品，可以挣到40%的利润；另外，我们还有10%的促销支持。”

张经理：“听起来，销售你们的产品应该能赚不少钱。”

销售人员小孙：“如果需要，您可以先进一批货销售一下试试，这么好的产品加上这么大的利润空间，你一定能赚嗨。”

张经理：“实在对不起，我们目前没有考虑新产品进店销售，等过段时间我再通知你。”

销售人员小孙不明白客户为什么会拒绝自己，或者说客户为什么会拒绝这么好的产品。小田和小孙是同事，在面对同样的客户，我们看一下小田在赢得客户的信任后是如何和客户沟通的。

销售人员小田：“您好，张经理！你平时选择什么样的白酒进店销售呢？”

张经理：“我们选择白酒产品，首先考虑的是产品的质量，另外是产品的利润空间、售后服务、包装和瓶型。”

销售人员小田：“张经理，你所说的产品质量是指……？”

张经理：“我所说的产品质量要达到国标标准。另外，口感和度数要符合我们当地消费者的消费习惯。”

销售人员小田：“张经理，是什么原因让你觉得产品质量如此重要呢？”

张经理："上次我进了一款产品，包材确实很漂亮，但是消费者喝了以后反应上头；有的消费者说我们销售的是假酒，现场就要求赔偿。"

销售人员小田："如果我们的产品能满足您的质量要求，而且我们给您合理的利润空间，并且保证每周拜访一次，为您做好售后服务，您会选择销售我们的产品吗?"

张经理："自从上次那款产品出现质量问题后，以后所有进我们店销售的产品，都要经过我们公司的李经理和王经理品鉴，才能确定是否销售该产品。"

销售人员小田："您看是明天晚上还是后天晚上，邀请李经理和王经理在咱们饭店品鉴一下我们的产品，由我们来招待，顺便每个人赠送一箱品鉴酒。"

张经理："我们明天晚上有一个中层会议，后天晚上安排品鉴你们的产品吧。"

销售人员小田："谢谢您，张经理！我们后天晚上见。"

通过王经理和李经理的品鉴后，最终使得产品成功进店。

通过小孙和小田的案例对比，可以发现，小田比小孙做得好！小孙只想把产品尽快销售出去，从开始到结束都一直在与客户单纯陈述自己产品的特征，结果没有打动客户，销售失败。而小田则是通过向客户有效的提问，了解到客户关心的问题和客户的需求，从而围绕着客户的需求陈述了自己产品的特征和解决方案，销售成功。

营销学之父菲利普·科特勒说："营销是发现需求，满足需求的过程。"对于销售人员来讲，只有先洞察、挖掘市场的需求，才能根据市场和客户的实际情况，推广或预售相应的产品，从而在满足市场或客户需求的同时，实现产品及自我的价值。

那么，如何洞察、挖掘和满足市场或客户的需求呢?

1. **探寻市场容量**

如何计算市场容量呢? 这里有一个方法，叫连比法，其计算公式是: $k=nqp$。其中，k 表示某产品的总市场潜量；n 表示该产品的潜在购买者数；q 表示每个购买者的平均购买量；p 表示平均单价。

如果想预测一个区域市场方便面的市场容量，该市场有 100 万人口，每人平均购买量是 10 包，每包平均单价是 1 元，那么，该市场的总市场潜量 = 100 万 × 10 包 × 1 元 = 1000 万元。

当然，并不是所有的人口数都是消费者；而且，在购买产品时，还会存在一些变量，因此，就催生了这个方法的变形——锁比法，它由一个基数乘上几个修正率组成。

其公式为:

$$k = navv_1v_2$$

式中，k 表示某产品的总市场潜量；n 表示总人口数；a 表示平均每人可支配的个人收入；v 表示平均每人用于某大类产品的支出比；v_1 表示该大类中某分类产品的支出比；v_2 表示该产品在分类产品中的支出比。

如果想测算一个区域的市场需求量，当地有 10 万人，人均可支配支出 1 万元，购买文化用品支出比率为 1%，该公司产品在该区域的占有率是 5%，那么可以这样来计算这家公司的市场需求量:

该区域市场有效顾客 100000 人 × 人均可支配支出 10000 元 × 购买文化用品支出比（各类笔）1% × 本公司产品市场占有率 5% = 500000 元。

2. **挖掘客户的需求**

客户的需求来自于以下几个方面。

（1）现实需求

有这样一个笑话:

两个医生在一起聊天，甲问乙："为何你每次看病，都问病人喝什么酒，病人喝酒跟看病有关系吗?"乙说："当然有关系啦，我要根据他喝的酒的档次来给他开医药费啊。"

这虽然是则笑话，但却告诉我们，现实的需求挖掘跟客户的实力有关系。比如，客户的资金实力越大，多进货或多订货的可能性就越大。

那么，如何来挖掘客户的现实需求呢？通常情况下，客户的现实的需求需要通过下表提供的方式来挖掘：

方法	说明
给予比竞品更高的利益	通过给客户高于对手的利益，让客户拿出更多的人、财、物，来重点经营和推广产品。在这方面，销售人员可以通过逆向定价法，推导出一个各渠道利润都高于竞品的价格体系，满足客户追逐利润的需求
良好的厂商关系	要想挖掘客户的需求潜能，就要构建和谐的厂商关系，多给客户提供利润外的增值服务等附加价值，比如，利用各种会议时机，定期拜访和指导客户，加强沟通，改善关系，促进销售
即时激励刺激进货	要根据市场和产品推出情况，通过召开订货会、新品发布会、举行销售比赛等形式，渲染行业、市场、产品前景；然后，再通过现实的政策拉动，吸引客户把钱掏出来

（2）潜在需求

如何挖掘潜在的需求呢？作为销售人员，要做好以下 3 个方面的工作：

①调研市场，细分定位。现实中，当很多销售人员抱怨市场已经饱和的时候，我们会惊奇地发现，当有些新品牌、产品、品类出现的时候，市场又会有新的销量，份额又会有新的增加。因此，作为销售人员，要善于

找到市场产品的细分点，可以从产品品牌、包装、规格、功能，或补缺或完全新品类，来引导客户的需求。

②用榜样来带动。销售人员可以通过样板市场，树立新产品推广榜样等方式，来调动其他推广不好的客户一起来销售新产品，把潜在的客户需求调动起来。通过参观样板市场，不仅可以观摩借鉴学习，而且还可以树立客户的自信心，促使他们下定决心，快速行动。

③顾问式销售。所谓顾问式销售就是，站在客户的角度，结合市场、厂家、客户、消费者和下游分销渠道，给客户提供市场需求解决方案，满足顾客的需要；同时，要对客户和员工发扬传帮带的“教练”精神，将做市场的步骤、方法、技巧等教给他们，减少客户的后顾之忧。

“可以给我介绍一些客户吗”—— 让老客户为你介绍新客户

转介绍是世界上最容易的销售方式！可是，很多销售人员不好意思开口要求已有客户为自己进行客户介绍，其原因可能是害怕丢面子，可能是因为怕开口遭受拒绝，也可能担心这个动作会给客户带来麻烦等，反正在实际中对已有的客户绝口不提转介绍的事情。如果销售人员正在这样做，你就走进了误区：你用自己的想法代替了客户的想法，其实客户根本不是这样认为的。

在销售过程中，让老客户转介绍新客户是很重要的，你完全可以直接让客户为你转介绍：“可以给我介绍一些客户吗?”相信，当你将自己的要求说出来的时候，对方多半不会拒绝你！

客户转介绍是客户开拓的最主要方法，具有耗时少、成功率高、成本低等优点，是销售人员最好用的优质客户扩展手段。不过，并不是所有的老客户都愿意给你转介绍。那么，销售人员该如何发动他们转介绍呢?

1. 选好时机

要求客户转介绍的时候，首先要选好时机，比如，成交之后，客户处在“满意”状态时，当面请求客户转介绍；与客户建立信任关系后，适时当面请求客户转介绍。

2. 对象选择

谁会为你转介绍？会为你转介绍什么样的客户？销售人员在销售过程中就要进行调查、分析和识别，不要到了最后环节贸然请求。在销售过程中，销售人员要识别谁是具有“人际影响力”的人？谁有什么样的“圈子”？客户认可一个人的重点内容是什么？我如何做才能赢得客户的认可？

3. 明确客户标准

要告诉客户，适合转介绍的客户标准是什么？最好现场请客户列出适合名单或者你给出一个范围让客户挑选，实在不行就让客户推荐。

4. 转介绍方式

让客户转介绍，最好的办法是请客户带你去见；如果不方便，可以请客户当场给转介绍客户打电话，给你引见。你可以当场和这个客户打招呼，并适时约见。具体话术如下。

“王总，我们接触这么长时间了，（您觉得我这个人怎样）我们关系处得也不错，你也帮了我很大忙，我非常感谢您。我和我家人也常说起您对我的支持和帮助。我觉得您这个人非常好，我想您的朋友也一定都很不错。您能给我推荐 2 ~ 3 个朋友认识吗？”

“刘总，我那天听你说起你一位朋友……（刘总，我知道你和××公司的周总是好朋友……”

当然，最基本的方法是请客户提供转介绍客户的联系方式，之后你再找时间和客户约访。这种情况下，要向客户了解下要转介绍客户的基本背景与情况，做到心中有数。

5. 真诚的服务

真诚地为新认识的客户提供服务，并在销售过程中对转介绍认识的客户进行识别，判断是否可转介绍。如可以，则适时请求。

6. 回馈介绍人

在与转介绍客户成交之后一定要告之原转介绍人，别忘记回馈介绍人。而且，即使暂时没成交，也要告之和感谢原转介绍人。

实用操作工具

如何开发新客户

事实证明，开发新客户的难度要比守住老客户难很多。可是，新客户的开发在销售工作中是必要的也是必须的，销售人员就要像雷达一样不断寻找新客户。那么，如何开发新客户呢？

1. 每天安排一小时

像任何其他事情一样，销售也是需要纪律约束的。销售总是可以被推迟的，销售的时机永远都不会有最合适的时候，可以每天安排一个专门的时间，比如，一小时，进行新客户的开发。在这一小时中要尽可能多打电话，时间长了，新客户的数量自然会有所增加。

2. 尽可能多地打电话

在寻找客户前，永远不要忘记花时间准确地定义你的目标市场。如此一来，在电话中与之交流的，就会是市场中最有可能成为你客户的人。如果你仅给最有可能成为客户的人打电话，那么你联系到了最有可能大量购买你产品或服务的准客户。

3. **电话要简短**

打电话做销售拜访的目标是获得一个约会。你不可能在电话上销售一种复杂的产品或服务，而且你当然也不希望在电话中讨价还价，因此一定要简短，应该持续大约 3 分钟。

4. **准备一个名单**

如果不事先准备名单，你的大部分销售时间将不得不用来寻找所需要的名字。你会一直忙个不停，总是感觉工作很努力，却没有打上几个电话。因此，在手头上要随时准备个可以供一个月使用的人员名单。